高校网络宣传工作概论

铁 铮 ◎ 主编

中国书籍出版社
China Book Press

图书在版编目（CIP）数据

高校网络宣传工作概论/铁铮主编．—北京：中国书籍
出版社，2018.9
ISBN 978－7－5068－7010－8

Ⅰ.①高…　Ⅱ.①铁…　Ⅲ.①高等学校—宣传工作
—研究—中国　Ⅳ.①G641-39

中国版本图书馆 CIP 数据核字（2018）第 220651 号

高校网络宣传工作概论

铁　铮　主编

责任编辑	毕　磊
责任印制	孙马飞　马　芝
封面设计	中联华文
出版发行	中国书籍出版社
地　　址	北京市丰台区三路居路 97 号（邮编：100073）
电　　话	（010）52257143（总编室）　（010）52257140（发行部）
电子邮箱	eo@chinabp.com.cn
经　　销	全国新华书店
印　　刷	三河市华东印刷有限公司
开　　本	710 毫米×1000 毫米　1/16
字　　数	181 千字
印　　张	13.5
版　　次	2019 年 1 月第 1 版　2019 年 1 月第 1 次印刷
书　　号	ISBN 978－7－5068－7010－8
定　　价	45.00 元

版权所有　翻印必究

编委会

主　　　编：铁　铮
副　主　编：蓝晓霞　张小锋
执行副主编：周　晔　高金萍　刘长旭
编　　　委：程华东　王　成　陈　鹫
　　　　　　李爱民　张加春

目 录
CONTENTS

第一章　高校网络宣传工作的指导思想 …………………… 2
一、网上舆论工作是宣传的重中之重　3
二、研究网络传播规律，创新网络宣传　4
三、运用网络了解民意开展工作　5
四、坚持营造风清气正的网络空间　7
五、确保互联网可管可控　8
六、网络宣传工作要加强党的领导　8
七、互联网核心技术是最大"命门"　10
八、携手构建网络空间命运共同体　10

第二章　高校网络宣传工作的主要原则 …………………… 14
一、坚持党性原则　14
二、服务师生原则　19
三、讲求"三贴近"原则　22
四、务求实效原则　24

五、融合发展原则　27

第三章　高校网络思政的特点……………………………………31
　　一、高校网络思政的内涵　31
　　二、高校网络思政的历史方位　36
　　三、高校网络思政的对策　42

第四章　高校网络舆情的应对与管理……………………………56
　　一、高校网络舆情的概念　57
　　二、高校网络舆情的类型与特点　58
　　三、高校网络舆情管理工作的重要意义　65
　　四、高校网络舆情管理存在的问题　68
　　五、高校网络舆情管理水平的提升　70

第五章　高校网络文化建设的重点………………………………74
　　一、高校网络文化的内涵与特性　74
　　二、高校网络文化建设理念创新　77
　　三、高校网络文化内容建设　81
　　四、高校网络文化制度建设　84

第六章　高校师生网络素养的提高………………………………90
　　一、有关概念及工作目标　90
　　二、高校师生网络素养的现状分析　94
　　三、高校师生网络素养的提升路径　99

第七章　高校网络平台的安全 …………………………………… 109
　　一、互联网的前世与今生　111
　　二、网络平台安全的管理　115
　　三、高校网络平台安全风险分析　121
　　四、安全平台的功能设计　123
　　五、未来网络平台安全的拓展　124

第八章　高校新闻网的运营与管理 …………………………… 130
　　一、明确角色定位　131
　　二、强化队伍保障　135
　　三、健全完善机制　138

第九章　高校官方微博的运营与管理 ………………………… 144
　　一、高校官方微博的定位　144
　　二、官方微博内容板块设计与有效推送　147
　　三、粉丝情感维系与打造良好用户体验　150
　　四、微博矩阵建设与构建宣传合力　153
　　五、微博运营团队培育与能力提升　155

第十章　高校微信公众号的运营与管理 ……………………… 161
　　一、微信公众号概述　161
　　二、高校官方微信公众号的运营　164
　　三、高校官方微信公众号的管理　176
　　四、微信公众号的危机与应对　180

第十一章　高校网络宣传工作的机遇与挑战 …………………… **186**
　一、互联网目前发展的特点与趋势　186
　二、互联网为高校宣传工作创造了历史机遇　194
　三、高校网络宣传工作面临的复杂困境　197
　四、适应互联网发展趋势，创新网络宣传工作　199

后记 ……………………………………………………………… **205**

习近平总书记反复强调，重视网上舆论工作，研究网络传播规律，创新网络宣传，运用网络了解民意开展工作，坚持营造风清气正的网络空间，确保互联网可管可控，加强党对网络宣传工作的领导和队伍建设，掌握互联网发展主动权，构建网络空间命运共同体。习近平总书记系列重要讲话是新时代高校网络宣传工作的根本遵循。

第一章　高校网络宣传工作的指导思想

习近平总书记高度重视网络宣传工作。党的十八大以来，他多次论述了网络宣传工作的性质、特点、地位、作用、规律、要求等。他的重要思想和重要讲话，为高校网络宣传工作提供了强有力的思想武器和理论指南。

习近平总书记在党的十九大报告中，八次提到了有关互联网的相关内容。一是肯定了成绩。在总结过去五年取得的改革开放和社会主义现代化建设的历史性成就时，他认为，"互联网建设管理运用不断完善"。二是明确了方略。他提出，在深化供给侧结构性改革中，要推动互联网、大数据、人工智能和实体经济深度融合，加强基础设施网络建设，建设网络强国。三是强调了重点。他强调，要加强互联网内容建设，建立网络综合治理体系，营造清朗的网络空间。四是细化了要求。在优先发展教育事业中要办好网络教育。在全面推进国防和军队现代化建设中，要提高基于网络信息体系的联合作战能力、全域作战能力。五是发出了警示。在谈到国际形势时，他指出，网络安全等非传统安全威胁持续蔓延，人类面临许多共同挑战。六是提出了要求。他强调全党要全面增强执政本领，善于运用互联网技术和信息化手段开展工作。这些都给新时代高校网络宣传工作指明了方向。

在 2018 年 8 月 21 日至 22 日召开的全国宣传思想工作会议上，习总书记特别强调，坚持营造风清气正的网络空间。要推出更多健康优质的网络文艺作品。必须科学认识网络传播规律，提高用网治网水平，使互联网这个最大变量变成事业发展的最大增量。

习近平总书记反复强调，要高度重视网上舆论工作，研究网络传播规律。创新网络宣传，运用网络了解民意开展工作，营造清朗健康的网络空间，确保互联网可管可控，加强党对网络宣传工作的领导和队伍建设，掌握互联网发展主动权，构建网络空间命运共同体。这些都是新时代高校网络宣传工作的根本遵循。

一、网上舆论工作是宣传的重中之重

习近平总书记在全国宣传思想工作会议的重要讲话中特别强调，"要把网上舆论工作作为宣传思想工作的重中之重来抓"。他明确指出，过不了互联网这一关，就过不了长期执政这一关。

习近平总书记对面临的形势做出了正确判断，强调要尽快掌握网络舆论战场的主动权。他说，现在媒体格局、舆论生态、受众对象、传播技术都在发生深刻变化，特别是互联网正在媒体领域催发一场前所未有的变革。很多人特别是年轻人基本不看主流媒体，大部分信息都从网上获取。必须正视这个事实，加大力量投入，尽快掌握这个舆论战场的主动权，不能被边缘化了。这些讲话给我们敲响了警钟。

党的十八大以来，我国互联网事业快速发展，网络安全和信息化工作扎实推进，取得显著进步和成绩，同时也存在不少短板和问题。2016 年 4 月 19 日，习近平总书记在召开网络安全和信息化工作座谈会上做了重要讲话，当面听取大家意见和建议，共同探讨措施和办法。

习近平总书记指出，对互联网来说我国虽然是后来者，接入国际互联网只有 20 多年，但我们正确处理安全和发展、开放和自主、管理和服务的关系，推动互联网发展取得令人瞩目的成就。现在，互联网越来越成为人们学习、工作、生活的新空间，越来越成为获取公共服务的新平台。我国有 7 亿网民，这是一个了不起的数字，也是一个了不起的成就。

2016 年 10 月 9 日，在十八届中央政治局就实施网络强国战略进行的第三十六次集体学习中，习近平总书记指出，世界主要国家都把互联网作为经济发展、技术创新的重点，把互联网作为谋求竞争新优势的战略方向。

适应新形势的发展变化，是网络宣传工作面临的重要任务。习近平总书记在《中共中央关于全面深化改革若干重大问题的决定》说明中指出，随着互联网媒体属性越来越强，网上媒体管理和产业管理远远跟不上形势发展变化。特别是面对传播快、影响大、覆盖广、社会动员能力强的社交网络和即时通信工具用户的快速增强。如何加强网络法制建设和舆论引导，确保网络信息传播秩序和国家安全、社会稳定，已经成为摆在我们面前的现实突出问题。

二、研究网络传播规律，创新网络宣传

习近平总书记清醒地看到，互联网新技术应用不断发展，使得互联网的社会动员能力日益增强。他多次提出要加强网络内容建设，做强网上正面宣传。他指出，做好网上舆论工作是一项长期任务，要创新改进网上宣传，运用网络传播规律，把握好网上舆论引导的时、度、效，弘扬主旋律，传播正能量，提升传播力和引导力，大

力培育和践行社会主义核心价值观。

习近平总书记高度重视改进创新，提高党的新闻舆论工作能力和水平。他强调，要坚持问题导向，改革创新，讲求实效，创新理念、内容、体裁、形式、方法、手段、业态、体制、机制，牢牢掌握党的新闻舆论工作主动权。

他说，现在发展很不平衡，有的是"＋互联网"，而不是"互联网＋"。要尽快从相"加"阶段迈向相"融"阶段。着力打造一批新型主流媒体。内容永远是根本，融合发展必须坚持内容为王，以内容优势赢得发展优势。

他指出，要有丰富全面的信息服务，繁荣发展的网络文化。要加强网络伦理、网络文明建设，发挥道德教化引导作用，用人类文明优秀成果滋养网络空间、修复网络生态。

他反复强调，要培育积极健康、向上向善的网络文化，用社会主义核心价值观和人类优秀文明成果滋养人心、滋养社会，做到正能量充沛、主旋律高昂。要适应形势发展，抓好网络文艺创作生产，加强正面引导力度。

他高度重视增强国际话语权，提出要下大力气加强国际传播能力建设，加快提升中国话语的国际影响力，让全世界都能听到并听清中国声音。着力打造具有较强国际影响的外宣旗舰媒体。

三、运用网络了解民意开展工作

习近平总书记非常重视建设网络良好生态，发挥网络引导舆论、反映民意的作用。他指出，互联网是一个社会信息大平台，亿万网民在上面获得信息、交流信息，这会对他们的求知途径、思维方式、价值观念产生重要影响，特别是会对他们对国家、对社会、对工作、对人生的看法产生重要影响。

他认为，阵地是意识形态工作的基本依托，强调人在哪里，新闻舆论阵地就应该在哪里。对新媒体，不能停留在管控上，必须参与进去、深入进去、运用起来。

他十分重视运用网络了解民意、开展工作。他说，网民来自老百姓，老百姓上了网，民意也就上了网。群众在哪儿，我们的领导干部就要到哪儿去，不然怎么联系群众呢？他强调，善于运用网络了解民意、开展工作，是新形势下领导干部做好工作的基本功。各级干部特别是领导干部一定要不断提高这项本领。对网上那些出于善意的批评，对互联网监督，不论是对党和政府工作提的还是对领导干部个人提的，不论是和风细雨的还是忠言逆耳的，我们不仅要欢迎，而且要认真研究和吸取。

他指出，要让互联网成为同群众交流沟通的新平台，成为了解群众、贴近群众、为群众排忧解难的新途径，成为发扬人民民主、接受人民监督的新渠道。各级党政机关和领导干部要学会通过网络走群众路线，经常上网看看，潜潜水、聊聊天、发发声，了解群众所思所愿，收集好想法好建议，积极回应网民关切、解疑释惑。

他说，为了实现我们的目标，网上网下要形成同心圆。他指出，现在各级领导干部特别是高级干部，如果不懂互联网、不善于运用互联网，就无法有效开展工作。他要求各级领导干部，不断提高对互联网规律的把握能力、对网络舆论的引导能力、对信息化发展的驾驭能力、对网络安全的保障能力，把网络强国建设不断推向前进。

他还提出，要加强和改善对新媒体中的代表性人士的工作，建立经常性联系渠道，加强线上互动、线下沟通，让他们在净化网络空间、弘扬主旋律等方面展现正能量。

四、坚持营造风清气正的网络空间

习近平总书记重视为广大网民特别是青少年营造清朗健康、风清气正的网络空间。他说，要让互联网更好造福人民。

他指出，网络空间同现实社会一样，既要倡导自由，也要保持秩序。既要尊重网民交流思想、表达意愿的权利，也要依法构建良好的网络秩序。这有利于保障广大网民合法权益。

他认为，网络空间天朗气清、生态良好，符合人民利益。网络空间乌烟瘴气、生态恶化，不符合人民利益。谁都不愿意生活在一个充斥着虚假、诈骗、攻击、谩骂、恐怖、色情、暴力的空间。

他要求，对新媒体要建立健全舆情收集反馈机制，加强内容监管，做好分析研判，有针对性地研究解决问题的措施，及时清理网络谣言和各类有害信息。要引导新媒体加强自律，完善内容审核把关、监督检查机制，不制作、不发布、不传播非法有害信息。办网站的不能一味追求点击率，开网店的要防范假冒伪劣，做社交平台的不能成为谣言扩散器，做搜索的不能仅以给钱的多少作为排位的标准。

他说，要教育引导广大网民遵守互联网秩序，依法上网、文明上网、理性表达、有序参与，增强辨别是非、抵御网络谣言的能力，共同营造风清气正的网络环境。

他提出，我国经济发展进入新常态，新常态要有新动力，互联网在这方面可以大有作为。着力推动互联网和实体经济深度融合发展。要适应人民期待和需求，让亿万人民在共享互联网发展成果上有更多获得感。

五、确保互联网可管可控

习近平总书记强调，要依法加强网络社会管理，加强网络新技术新应用的管理。加大依法管理网络力度，完善互联网管理领导体制。抓紧制定立法规划，完善互联网信息内容管理、关键信息基础设施保护等法律法规，依法治理网络空间，维护公民合法权益。

他明确指出，互联网不是法外之地。利用网络鼓吹推翻国家政权、煽动宗教极端主义、宣传民族分裂思想、教唆暴力恐怖活动等行为，要坚决制止和打击，决不能任其大行其道。

在我国，网络走入千家万户，网民数量世界第一，我国已成为网络大国。他指出，要从国际国内大势出发，总体布局，统筹各方，创新发展，努力把我国建设成为网络强国。他说，7亿多人上互联网，肯定需要管理，而且这个管理是很复杂、很繁重的。企业要承担企业的责任，党和政府要承担党和政府的责任。网上信息管理，网站应负主体责任，政府行政管理部门要加强监管。主管部门、企业要建立密切协作协调的关系，避免"一放就乱、一管就死"现象，走出一条齐抓共管、良性互动的新路。网络安全为人民，网络安全靠人民，维护网络安全是全社会共同责任，需要政府、企业、社会组织、广大网民共同参与，共筑网络安全防线。

他强调，要确保互联网可管可控。要深入开展网上舆论斗争，严密防范和抑制网上攻击渗透行为，组织力量对错误思想观点进行批驳。要加快网络立法进程，完善依法监管措施，化解网络风险。

六、网络宣传工作要加强党的领导

习近平总书记明确提出，党管媒体是把各级各类媒体都置于党的领导之下。他认为，管好用好互联网，是新形势下掌控新闻舆论阵地的关键。重点解决好谁来管、怎么管的问题。

他在党的新闻舆论工作座谈会上的重要讲话，明确提出要坚持从党的工作全局出发把握党的新闻舆论工作。新闻舆论工作处在意识形态斗争的最前沿。做好党的新闻舆论工作，营造良好舆论环境，是治国理政、定国安邦的大事。

他提出的党的新闻舆论工作的职责和使命，是对高校网络宣传工作的根本要求。即：高举旗帜、引领方向，围绕中心、服务大局，团结人民、鼓舞士气，成风化人、凝心聚力，澄清谬误、明辨是非，联接中外、沟通世界。他强调，要坚持党的新闻舆论工作的正确政治方向。牢牢坚持党性原则、牢牢坚持马克思主义新闻观、牢牢坚持正确舆论导向、牢牢坚持正面宣传为主。

他要求，各级党委要定期听取工作汇报，重要工作靠前指挥、重要稿件亲自把关、重要关头加强指导调控。要懂得尊重媒体，尊重新闻传播规律，充分运用好媒体这一平台。

他高度重视加强新闻舆论工作队伍建设，提出加快培养造就一支政治坚定、业务精湛、作风优良、党和人民放心的队伍。这支队伍应该增强政治家办报意识、把讲政治放在第一位。要牢记社会责任，提高业务能力，转作风改文风。

他说，网络空间的竞争，归根结底是人才竞争。建设网络强国，没有一支优秀的人才队伍，没有人才创造力迸发、活力涌流，是难以成功的。要不拘一格降人才。培养网信人才，要下大功夫、下大本钱，请优秀的老师，编优秀的教材，招优秀的学生，建一流的网络空间安全学院。对待特殊人才要有特殊政策，不要都用一把尺子衡量。

七、互联网核心技术是最大"命门"

习近平总书记明确指出,互联网核心技术是我们最大的"命门",核心技术受制于人是最大的隐患。要掌握我国互联网发展主动权,保障互联网安全、国家安全,就必须突破核心技术这个难题。

在他看来,网络安全和信息化是相辅相成的。从世界范围看,网络安全威胁和风险日益突出,并日益向政治、经济、文化、社会、生态、国防等领域传导渗透。特别是国家关键信息基础设施面临较大风险隐患,网络安全防控能力薄弱,难以有效应对国家级、有组织的高强度网络攻击。

他说,这对世界各国都是一个难题,我们当然也不例外。如何破解这一难题,他提出了四条路径。第一,树立正确的网络安全观。第二,加快构建关键信息基础设施安全保障体系。第三,全天候全方位感知网络安全态势。第四,增强网络安全防御能力和威慑能力。

八、携手构建网络空间命运共同体

习近平总书记认识到,互联网真正让世界变成了地球村,让国际社会越来越成为你中有我、我中有你的命运共同体。同时,互联网发展对国家主权、安全、发展利益提出了新的挑战,迫切需要国际社会认真应对、谋求共治、实现共赢。

全球互联网治理体系变革进入关键时期,构建网络空间命运共同体日益成为国际社会的广泛共识。习近平指出,互联网发展是无国界、无边界的,利用好、发展好、治理好互联网必须深化网络空间国际合作,携手构建网络空间命运共同体。

2018年5月26日，中国国际大数据产业博览会在贵州省贵阳市开幕。国家主席习近平在贺信中指出，当前，以互联网、大数据、人工智能为代表的新一代信息技术日新月异，给各国经济社会发展、国家管理、社会治理、人民生活带来重大而深远的影响。把握好大数据发展的重要机遇，促进大数据产业健康发展，处理好数据安全、网络空间治理等方面的挑战，需要各国加强交流互鉴、深化沟通合作。

国际社会应该在相互尊重、相互信任的基础上，加强对话合作，推动互联网全球治理体系变革，共同构建和平、安全、开放、合作的网络空间，建立多边、民主、透明的全球互联网治理体系。他提出，推进全球互联网治理体系变革应坚持"四项原则"：一是尊重网络主权；二是维护和平安全；三是促进开放合作；四是构建良好秩序。他还提出了"五点主张"：一是加快全球网络基础设施建设，促进互联互通；二是打造网上文化交流共享平台，促进交流互鉴；三是推动网络经济创新发展，促进共同繁荣；四是保障网络安全，促进有序发展；五是构建互联网治理体系，促进公平正义。希望与国际社会一道，做到发展共同推进、安全共同维护、治理共同参与、成果共同分享。

从网络大国向网络强国迈进，是个宏大的系统工程。他说，建设网络强国，要有自己的技术，有过硬的技术；要有丰富全面的信息服务，繁荣发展的网络文化；要有良好的信息基础设施，形成实力雄厚的信息经济；要有高素质的网络安全和信息化人才队伍；要积极开展双边、多边的互联网国际交流合作。

截至2018年6月30日，我国网民规模已达8.02亿，互联网普及率为57.7%。网民通过手机接入互联网的比例高达98.3%。

74.1%的网民使用短视频应用。我国高校拥有网络最积极的用户群体，呈现出"全员用网""全员手机网民"的态势。高校网络宣传思想工作面临着新机遇，同时也面临着许多新的挑战。要认真学习、深刻领会、全面贯彻习近平新时代中国特色社会主义思想，推动高校网络宣传工作不断强起来。

高校网络宣传不仅是社会宣传的重要组成部分，而且担负着人才培养的重要使命和立德树人的根本任务。高校网络宣传工作要坚持党性原则、服务师生原则、"三贴近"原则、务求实效原则、融合发展原则，做到导向正确、有的放矢、精准发力。

第二章　高校网络宣传工作的主要原则

"宣传"是指运用各种符号传播一定的观念以影响人们的思想和行动的社会行为。高校网络宣传是以高校师生员工为主要受众,通过新闻网、微博、微信等网络媒介,传播各种信息的活动。宣传工作的内容、方式、受众等正在发生深刻变化,世界范围内思想文化的交流、交融、交锋越来越频繁,网络带来的社会思想多元、文化多元、矛盾多元等趋势极为明显。高校网络宣传不仅是社会宣传的重要组成部分,而且担负着人才培养的重要使命和立德树人的根本任务。当代大学生是在网络环境中成长的,网络获取信息、沟通交流、表达想法是使用率最高的方式。高校网络宣传要做到有的放矢、精准发力,需坚持党性原则、服务师生原则、贴近实际原则、务求实效原则、融合发展原则等。

一、坚持党性原则

习近平总书记强调,做好宣传思想工作,必须讲党性。坚持党性,核心就是坚持正确的政治方向,站稳政治立场,坚定宣传党的理论和路线方针政策,坚定宣传中央重大工作部署,坚定宣传中央关于形势的重大分析判断,坚决同党中央保持高度一致,坚决维护中央权威。这是大原则,决不能动摇。宣传思想工作者要增强党的意识，尽职尽责为党和人民事业服务，坚持什么、反对什么，说什么话，做什么事，都要符合党的要求，真正做到"千磨万击还坚劲，任尔东西南北风"。

2015年1月19日，中华人民共和国中央人民政府网公布中共中央办公厅、国务院办公厅印发的《关于进一步加强和改进新形势下高校宣传思想工作的意见》（简称《意见》）。《意见》指出，加强和改进新形势下高校宣传思想工作的基本原则首要是坚持党性原则、强化责任。切实担负起政治责任和领导责任，提高领导水平，增强驾驭能力，敢抓敢管、敢于亮剑，做到守土有责、守土负责、守土尽责。

（一）坚持党管媒体原则不动摇，牢牢掌握网络舆论引导的领导权、管理权、话语权。

2016年2月19日，习近平总书记在党的新闻舆论工作座谈会上强调，党的新闻舆论工作坚持党性原则，最根本的是坚持党对新闻舆论工作的领导。党和政府主办的媒体是党和政府的宣传阵地，必须姓党。党的新闻舆论媒体的所有工作，都要体现党的意志、反映党的主张，维护党中央权威、维护党的团结，做到爱党、护党、为党；都要增强看齐意识，在思想上、政治上、行动上同党中央保持高度一致；都要坚持党性和人民性相统一，把党的理论和路线方针政策变成人民群众的自觉行动，及时把人民群众创造的经验和面临的实际情况反映出来，丰富人民精神世界，增强人民精神力量。坚持党管媒体原则不动摇，要做到牢牢掌握网络舆情引导的领导权、管理权和话语权。

第一，牢牢掌握网络舆情引导的领导权。高校网络宣传工作必须在思想上政治上行动上同党中央保持高度一致，充分体现党的意志、积极反映党的主张、自觉维护党的权威、坚定维护党的团结。高校宣传工作关乎青年人成长、国家发展、民族复兴的大问题，点点滴滴、时时刻刻不可放松警惕，要牢牢掌握高校主要网络宣传阵地的领导权，不容任何负面力量有机可乘。同时，领导权意味着责任，高校领导干部对网络宣传工作要高度重视、极其熟悉、善加利用，在具体工作当中有的放矢，加大主流高校舆论引导的力量。

第二，牢牢掌握网络舆情引导的管理权。互联网的广泛应用丰富延展了信息传播的载体，消弭了信息传播在时间和地域方面的隔阂，自媒体的多样性、便捷性、匿名性、随意性等特征使大学生可以通过网络表达意见、宣传主张、宣泄情绪，通过网络扩散式传播呈现放射性的复杂态势。这些对高校网络宣传提出更新更高更多要求，从信息源头严格控制非常重要，掌握网络舆情引导的管理权。对于高校宣传部和各个部门的网站、微博、微信公众号等网络媒体，高校党委需通过统筹管理、内容审查、定期培训等方式进行管理。对于校内师生自己注册的传播平台，更要通过定期摸排、密切关注等方式进行管理。

第三，牢牢掌握网络舆情引导的话语权。习近平总书记强调，宣传思想工作是做人的工作的，我们必须主动融入网络舆论引导工作，在众说纷纭中凝聚共识，在众声喧哗中唱响主旋律，不断消减网上负能量，不断增强网上团结稳定鼓劲正能量。网络作为当今舆情引导的重要阵地，如果正面信息不去占领，那么负面信息必然会去占领，极有可能引发"蝴蝶效应"。网络世界与现实世界互相影响、互相联动。在这种形势下，需要我们不仅主动正面宣传，还要针对错误信息和负面信息正面回应和引导，抓住问题的核心和焦点，有理有据有节地进行权威阐释，回应问题和不同的声音，努力统一宣传思想，净化网络环境，清朗网络空间，重大问题不回避，关键时刻不失语，解答疑惑不含糊，牢牢掌握网络舆情引导的话语权。

（二）坚持政治家办报、办刊、办台、办新闻网站，树立政治家办报意识。

习近平总书记在党的新闻舆论工作座谈会强调："办报、办刊、办台、办网都要坚持政治家办报原则，新闻舆论工作者要有很强的政治敏锐性和政治鉴别力，不仅要做业务专家，而且要有政治家头脑，有政治眼光和政治智慧。"

树立政治家办报意识，是高校新闻工作者保持头脑清晰、方向正确、行动有效的要求，需时刻谨记"舆论导向正确是党和人民之福，舆论导向错误是党和人民之祸"。高校宣传工作要做到将宣传党的声音放在首位，确定正确的马克思主义新闻观，自觉在思想上、政治上、行动上与党中央保持高度一致，在是非面前具有政治定力。

高校新闻工作者要有坚定的政治意识、大局意识、核心意识、看齐意识，在具体的宣传工作中才能正确传播。"打铁还需自身硬"，高校新闻工作者自身基础不牢、方向不明，传播的信息自然模棱两可。高校新闻工作者还要有政治家的责任感和政治家的自律，热爱党的事业，自觉遵守党的纪律和宣传纪律，不跟风不炒作，不断学习增强理论修养，善于抓住要害问题，对高校舆情做出正确研判和有效预案。最后，高校新闻工作者要有过硬的业务根底，理论扎实、业务精通，才能在树立政治家办报意识上层筑造高校大宣传格局，保证导向正确、内容生动、效果显著。

（三）坚持树立网络思想宣传的阵地意识，以网上舆论工作作为宣传思想工作的重中之重。

习近平总书记强调"互联网已经成为舆论斗争的主战场"。思想宣传的阵地，马克思主义不去占领，非马克思主义和反马克思主义的必然会去占领。校园媒体是舆论传播的主要渠道，不仅承担着传播信息的功能，并且担负着人才培养的重要使命，树立网络思想宣传的阵地意识，必须以网上舆论工作作为宣传思想工作的重中之重，做到思想上高度重视、工作上精准有力。

网络发展正在重塑舆论环境。在"人人都是传播者、个个都有麦克风"的传播时代，微博、微信等新兴传播方式打破了传统媒体的单向传播方式，不断瓦解着传统媒体的权威性。现代人接触媒体的习惯已从单纯接受信息到乐意参与互动，推动新闻的宣传、事态的发展和舆情的导向，现代信息城堡式的生产方式从信息产品完成即告结束到意义在互动中再生产。

新兴媒体对高校舆论导向的削弱，使得阵地建设工作的实效性较低。高校宣传阵地建设思路不能依照传统模式进行，而应该创新以适应时代的发展，既要达到现实与长远相统一，也要为现阶段思想宣传的具体任务和根本任务而服务。

要树立阵地意识，牢牢掌握网络舆论引导的领导权、管理权，有强烈的责任感和使命感，当好网络舆论工作的主力军、把关人。要树立创新意识，紧跟时代和形势的变化，积极改进工作方法，创新宣传内容、宣传模式、宣传形式，提高网络思想宣传的阵地传播力和吸引力。要树立受众意识，关心校园师生所需所想，不能单向灌输式的宣传，要形成良性互动和双向传播。要树立舆论导向意识，抢占时机制高点、道义制高点、表述制高点，在第一时间发生抢占时机制高点，传播主流思想和正能量占据道义制高点，用师生喜闻乐见的传播形式激发传播裂变，产生传播效果。

二、服务师生原则

"党性和人民性从来都是一致的、统一的。"坚持为人民服务、为社会主义服务、为党和国家工作大局服务，是网络宣传工作的重要原则，也是新闻工作必须长期坚持的基本方针。坚持人民性就要坚持人民导向，立足人民群众开展网络宣传工作。尤其是纷繁复杂的网络舆论场，更加需要群众的正面力量和信任支持。高校网络宣传工作坚持人民性，就要立足群众、正面宣传，将其作为高校网络宣传工作的重要原则，满足师生需求并且获得师生的认可和满意，也是高校网络宣传工作的重要目标。"读者在哪里，受众在哪里，宣传报道的触角就要伸向哪里，宣传思想工作的着力点和落脚点就要放在哪里。"

（一）坚持站稳群众立场，树立以师生为中心的宣传工作导向。

非网络环境下，将"宣传"狭义理解为宣传的出发点是出于宣传者自身的需要，把观念传播出去，让受传者了解和接受，从而争取信任与支持。网络信息的海量性、多样性、复杂性等特征，使传统的宣传观念和理念很容易将宣传信息淹没在海量信息中，网络环境下，宣传必须坚持站稳群众立场，了解师生的需求，传达师生关心和关注的，以师生作为宣传工作的中心点和出发点。

坚持站稳群众立场，秉承宣传者和受传者双赢目标。高校网络宣传离不开全校师生，全校师生是网络宣传工作的重要报道内容，对于高校活动他们也拥有最充分的发言权，他们是校园网络宣传的受传者也是传播者，充分调动他们的积极性可使校园宣传工作事半功倍。如：北京语言大学宣传部发动全校教师组建了一支通讯员队伍，主要负责采写本单位新闻、提供新闻线索、协助约稿等，同时，发动全校学生组建了学生记者团和学生微信制作团队。这支基层队伍是北语新闻宣传工作的重要组成部分，在宣传舆论引导、校园文化建设及构建和谐校园中起着积极的作用，宣传部定期对这支队伍进行业务培训，不断提高他们的理论修养和新闻采写水平，适应网络宣传工作快速的变化。

以师生为中心开展宣传工作，对师生充满真情，宣传作品才能有温度有人情；宣传作品立足于师生工作和生活，才能创作出师生感兴趣的作品；宣传工作凝聚群众力量、站稳群众立场，才能凝聚共识。

（二）坚持正面宣传方针，发挥网络宣传鼓舞人激励人的作用。

习近平总书记在党的十九大报告中强调，"必须推进马克思主义中国化时代化大众化，建设具有强大凝聚力和引领力的社会主义意识形态，使全体人民在理想信念、价值信念、道德观念上紧紧团结在一起。"习近平总书记在党的新闻舆论工作座谈会上强调："团结稳定鼓劲、正面宣传为主，是党的新闻舆论工作必须遵循的基本方针。"

坚持正面宣传，就是要调动积极因素，化消极因素为积极因素，鼓舞和激励人们为国家的建设和学校的发展贡献力量。习近平总书记强调，"要树立以人民为中心的工作导向，把服务群众同教育引导群众结合起来，把满足需求同提高素养结合起来，多宣传报道人民群众的伟大奋斗和火热生活，多宣传报道人民群众中涌现出来的先进典型和感人事迹，丰富人民精神世界，增强人民精神力量，满足人民精神需求。"希望"用光明驱散黑暗，用美善战胜丑恶，让人们看到美好、看到希望、看到梦想就在前方"。通过成就报道鼓舞人心，客观真实地反映党的领导下中国社会不断取得的进步和成就，让人民形成精神鼓舞和前进动力；通过报道学校的改革和发展，在教学科研、行政管理等领域取得的成就和成绩，以此来凝聚人心；通过选树典型，通过身边人和事激发师生的共鸣，为大家提供榜样，为大家的思想、行为提供示范。近年我国主流媒体坚持正面宣传制作出很多优秀栏目，充分利用互联网，迅速产生广泛影响力，网络媒体充满正能量。各高校也做了许多宣传栏目和宣传作品，产生较好效果。一些新闻网开设专栏定期报道优秀教师或学生，在某一方面成为示范，深受师生喜爱。

（三）师生是否接受和满意，是衡量宣传思想工作成功与否的重要标准。

宣传工作不仅要考虑目的和意图，还要考虑受传者的真实意愿、认同程度和满意程度，宣传工作是否树立受众意识，是否被师生乐于接受，是否获得师生的满意认可，是衡量宣传思想工作成功与否的重要标准。

宣传服务于党，宣传党的方针政策；宣传服务于国家建设和校园建设，引导舆论；宣传服务于师生，为师生工作、生活、学习提供支持和服务。高校网络宣传将社会变动、最新政策传达给师生，将文化观念、科学知识传播给师生，将娱乐信息、生活指导奉献给师生，提供宝贵的信息资源。理论和实践都证明，受众之所以需要宣传，一方面是为了达到求知的目的，准确、全面、及时获得最新信息，另一方面是为了达到益己的目的，获得的信息对自己的学习、工作和生活有所益处。这些就要求高校网络宣传要有受众意识，"以师生为中心"进行网络宣传思想工作，诉师生之所急、传师生之所需，时时、事事从师生的需求进行宣传工作的策划、组织和开展，真诚为师生服务，将宣传工作目标与师生接受度、满意度有机结合，达成最优宣传效果。

要想获得师生的接受和满意，就要按照师生的信息需求和接收习惯进行宣传和传播。如果宣传信息不能满足师生的需求，达不到师生的满意，那么宣传内容就不会被接受，何谈宣传效果。尤其是师生有获取信息的需求，媒体一再缺位或失语，久之，宣传媒体也会受到师生的排斥和摒弃。

三、讲求"三贴近"原则

贴近实际、贴近生活、贴近群众，是中国共产党宣传思想工作的重要原则，也是新闻工作必须长期坚持的基本方针。"三贴近"是网络宣传工作的基础，快速反映现实，紧跟中心热点，坚持实事求是，追求信息传播的时效性、针对性和真实性。

（一）快速反映现实，追求信息传播的时效性。

习近平总书记强调，"不管是主题宣传、典型宣传、成就宣传，还是突发事件报道、热点引导、舆论监督，都要从时度效着力、体现时度效要求。""时"就是时效，新闻报道的重要特征之一就是时效，力求用最快的速度，在最短的时间内，把刚刚发生和正在发生的新事实、新变动传播给广大受众，注意时效是新闻的重要要求，也是信息传播的重要原则。

尤其在"自媒体"时代，人人是传播者，随时随地可传播，甚至直播。传播学中的首发效应对高校第一时间传播信息提出要求，首发信息对受众形成的第一印象先入为主，以后很难改变。当然，求新求快并不等同于盲目，报道什么、不报道什么、什么时间报道、怎么报道，还是需要高校宣传者根据实际情况考虑和选择的。把握网络宣传的基本规律和新闻传播的基本特征情况下，抓住新闻报道的最佳时机，抓取第一落点，追求信息传播的时效性，快速反映现实，同时把握新闻宣传的分寸，进行有效传播，因势利导，争取最佳传播效果，掌握话语权和主动权。

（二）紧跟中心热点，追求信息传播的针对性。

随着传播技术的变化、利益格局的调整、价值取向的多元，人们参与时事热点的选择性、多变性、差异性明显增强，网络媒体成为思想信息的集散地和社会舆论的放大器，对于网络宣传的针对性提出更高要求。

社会新闻媒介经历了一个由"大众"到"分众"的转变实现针对性，校园媒体在数量和种类上的局限不易通过如此细化的分类实现分众针对性，但是针对性的意识要贯穿在所有宣传工作中，尤其是网络宣传中，否则传播信息很容易被师生所忽略。追求信息传播的针对性体现在不同层面，传播主题的针对性、传播内容的针对性、受众的针对性、宣传效果的针对性，根据不同的情况，对传播内容、传播形式、传播时间等不同宣传要素的选择和组合上也提出不同要求。

宣传工作紧跟时事热点，还需防止陷入理论性过强、概念化过强等误区。理论宣传要保证思想深度和表述通俗化并重，处理好虚与实的关系，空泛的、概念化的理论和道理比例过重，宣传过虚，缺少针对性、实践性和指导性，偏离实际太远，也就失去了新闻宣传的根本意义。

(三) 坚持实事求是，追求信息传播的真实性。

事实是新闻本源，也是网络传播的本源，必须坚持实事求是，保证信息传播的真实性。坚持实事求是，才有助于党和人民正确认识客观世界；坚持实事求是，才能加强党和人民的联系；坚持实事求是，网络宣传才能有力量；坚持实事求是，才能取得受传者的信任。高校网络宣传工作坚决杜绝宣传失实，宣传失实主要体现在以下几个方面：凭空捏造、层层拔高、事实残缺、偷梁换柱、因果不符等。

有人疑惑，坚持实事求是和信息传播的真实性，面对负面信息和负面事件时，如何平衡信息真实性和正面宣传的原则呢？前进的道路总是曲折的，进行正面宣传和引导并不意味着要舍弃信息的真实性，在网络环境下盲目的掩盖或扭曲信息真实性只能是雪上加霜。面对这种情况，就需要新闻工作者以对国家、对学校、对师生高度的责任感来维护信息传播的真实性，并且谨慎对待每一个细节，进行正面导向，取得受众的信任、理解和支持。正如习近平总书记在十九大报告中提到的"五年来，我们勇于面对党面临的重大风险考验和党内存在的突出问题……同时，必须清醒看到，我们的工作还存在许多不足，也面临不少困难和挑战。主要是：发展不平衡不充分的一些突出问题尚未解决……"这一论断引发人们的广泛讨论，也增强了党和人民能更好更快解决这些问题的信心和决心。

四、务求实效原则

习近平总书记在党的新闻舆论工作座谈会上指出，随着形势发展,党的新闻舆论工作必须创新理念、内容、体裁、形式、方法、手段、业态、体制、机制,增强针对性和实效性。面对习惯网络媒介的青年一代,高校网络宣传应该更加注重在宣传方式和宣传内容上运用网络思维,创新宣传内容和宣传形式,以生动亲切的方式增强网络传播效果,以贴近实际的内容开展网络舆论引导。

(一)运用网络流行表达,以生动亲切的方式增强网络传播效果。

提高宣传的吸引力和感染力是增强宣传效果的重要方面,在内容选择、写作文风、语言表述、表现形式、报道手法等各方面采用不同于传统媒体的宣传手段,运用网民熟悉的表达形式,容易使其产生认同感和归属感,增强网络传播效果。北京语言大学微信公众号推送的《我的天呐!世界文化节都第十三届了?这么神奇吗?》一个标题使用感叹和疑问两种语气符号,引起读者的阅读兴趣,同时并不是哗众取宠而没有实质内容,读者审阅标题可知文章是关于世界文化节的内容。

网络流行表达中,网络流行语是重要的表现手法,简洁、风趣、个性,具有调侃和讽刺意味,是网络流行语的主要特征,网络流行语是网民进行网络传播和交流形成的话语,网民是网络流行语的创造者和使用者,所以网络宣传中网络流行语的使用可以使网民产生自我认同和亲切归属。但是,值得注意的是,网络流行语的使用要掌握好量和度。网络流行语是为了增强传播效果的手段,并不是宣传主体,大量的出现和使用很容易喧宾夺主。同时,部分粗俗的网络流行语充斥网络,不仅对大学生的成长造成负面影响,还会影响整个网络环境,校园媒体进行网络宣传时坚决杜绝低俗网络流行语,坚决杜绝盲目跟风,高校网络宣传工作者要对新生网络流行语有一定的鉴别能力,不能成为网络恶俗流行语的创造者和传播者,宣传内容经得起时间的检验。

(二)创新网络思政内容,以贴近实际的内容开展网络舆论引导。

习近平总书记在全国高校思想政治工作会议上强调,要坚持把立德树人作为中心环节,把思想政治工作贯穿教育教学全过程,实现全程育人、全方位育人。高校网络宣传工作自然责无旁贷要把思想政治工作宣传贯彻到位,结合网络媒体的优势,创新思政内容,以贴近实际的内容开展网络舆论引导工作。"对新闻媒体来说,内容创新、形式创新、手段创新都重要,但内容创新是根本的。要多深入基层、深入一线,了解第一手材料。要善于观察,在众多材料中发现好材料,找到反映时代精神、能够引起广泛共鸣的材料。要善于思考,深入发掘好材料的内涵,梳理和阐发好材料中蕴含的隽永的精神和深刻的道理,运用丰富的新闻语言、形式、方法、技巧创作出精品力作来。"

刻板说教、照本宣科、灌输教育早已不适应现在的宣传工作。创新宣传形式,"春风化雨细无声"式的宣传方式更容易使思政工作更接地气、更容易入心入脑。创新网络思政内容要以人为本,人民是历史的创造者,是决定党和国家前途命运的根本力量,宣传要尊重新闻规律,内容要讲求实际效果,多报道对师生实际生活和工作有指导意义的内容,准确、鲜明、生动地宣传党的方针政策,体现出党把人民对美好生活的向往作为奋斗目标。创新网络思政内容要深入基层、挖掘基层。挖掘身边人身边事更贴近受传者,更易接受。创新网络思政内容要坚定文化自信,文化兴国运行,文化强民族强,高度的文化自信具有强大的凝聚力和引领力,使师生在理想信念、价值理念、道德观念上紧紧团结，优秀的校园文化氛围可以提高网络舆论传播力、引导力、影响力。

五、融合发展原则

党的十八大以来，以习近平同志为核心的党中央高度重视传统媒体和新兴媒体融合发展。习近平总书记强调："推动传统媒体和新兴媒体融合发展，要遵循新闻传播规律和新兴媒体发展规律，强化互联网思维，坚持传统媒体和新兴媒体优势互补、一体发展，坚持先进技术为支撑、内容建设为根本，推动传统媒体和新兴媒体在内容、渠道、平台、经营、管理等方面的深度融合，着力打造一批形态多样、手段先进、具有竞争力的新型主流媒体，建成几家拥有强大实力和传播力、公信力、影响力的新型媒体集团，形成立体多样、融合发展的现代传播体系。要一手抓融合，一手抓管理，确保融合发展沿着正确方向推进。"

（一）打造全媒体平台，构建多元立体的传播格局。

我国高校不断加强宣传阵地建设，整体观念和实践路径已经初步确立，积累了许多宝贵经验，但宣传阵地建设在客观上仍存在着"重校内，轻校外"以及"重实体世界，轻虚拟空间"等突出问题。高校在继续巩固校内宣传阵地的同时，更要大力拓展校外实践和网上虚拟空间两大宣传阵地的建设工作，在宣传工作人力不足的情况下，就会出现顾此失彼的状况。

一方面，传统校园媒体的关注度逐渐下降，传播效果和影响力越来越弱，有的高校甚至停办了校报；另一方面，新媒体的影响力日益扩大，有的高校未能及时占领利用新媒体进行宣传教育的制高点，宣传阵地建设陷入"看不清、跟不上"的尴尬境地。

在实际工作中，要坚持政治性原则、时代性原则、实效性原则，调整建设思路，紧跟时代步伐，切实提高阵地建设工作的实效性。坚持政治性原则，坚持党性原则和人民导向，树立网络宣传阵地意识，树立以人民为中心的宣传导向，实现党性和人民性相统一。坚持时代性原则，传播载体呈现多元趋势、信息获取呈现"后喻文化"特征、传播技术不断更新、传播模式去中心化，"明者因时而动，知者随事而制"，紧跟时代变化。坚持实效性原则，"宣传思想工作是做人的工作，人在哪儿重点就应该在哪"，坚持时代性原则和政治性原则基础上，充分利用新技术优势，实现媒体融合发展，有效占领舆论场。

（二）打造新媒体矩阵，形成新媒体传播合力。

谈到媒体融合，新媒体矩阵是不可缺少的重要内容。随着传统媒体转型探索的不断深入，新媒体矩阵的打造成为网络宣传的重要战略，它是区别于传统媒体的新媒体集群，主要通过手机、平板电脑等移动智能终端接收信息，越来越多的传统媒体在尝试打造新媒体矩阵。例如，人民日报综合官方网页、微信、微博、新闻客户端、人民电视、电子阅报栏等多端资源，构建数据中心和信息超市，打造全方位现代化的全媒体矩阵。"研究把握现代新闻传播规律和新兴媒体发展规律，强化互联网思维和一体化发展理念，推动各种媒介资源、生产要素有效整合，推动信息内容、技术应用、平台终端、人才队伍共享融通。"

校园媒体充分利用网站、微信、微博等多种媒体，打造新媒体矩阵，充分利用各媒体的特征优势形成传播合力。微博字数少、时效快，可以第一时间发声，并通过图片、视频、直播等各种形式，将信息简短、快速传播。微信推送时间固定、表现形式多样，通过文字、图片、视频等，通俗化传播深度报道。网站着力于深度和广度，成为新媒体矩阵的内容综合平台。各种媒体有各种媒体的特点和优势，但并不意味着各自为政，全媒体矩阵打造的核心意义在于融合发展。内容融合、人员融合、受众融合，形成细分化、广覆盖，产生集群效应。

内容融合在于内容资源共享。相同内容在不同媒体平台表现形式不同。比如，关于十九大精神的宣传。校园网站可以侧重正式文件的宣传、校内师生学习活动的新闻报道等，严肃、正式、全面的宣传，营造学习氛围，凝聚师生正能量。微信可以通过图文并茂丰富多样的形式传达文件、宣传活动，加入网络流行元素，引发师生关注和转发，突破时间和空间传播。同时，也可以充分利用传统媒体的内容资源。

人员融合在于思想理念和业务能力的融合。传统媒体的宣传工作人员要有新媒体意识，新媒体宣传工作人员也要借鉴和学习传统媒体深度报道和广度报道的工作经验。同时，各高校多数存在专职宣传工作者人员不足的情况，业务融合一方面在于工作效率和工作能力的提升，一方面在于新媒体矩阵的融合和传播合力的融合。

受众融合在于受众的细化和聚合，如：有些青年学生习惯移动客户端浏览信息，有些教师习惯网页浏览信息，根据不同媒体的受众精准宣传信息，各个媒体互为犄角，将受众全面覆盖。同时，媒体可以进行互相联动，比如微信公众号可以链接到官方网页，校园各个微信公众号可以互相联动。受众融合的重要性还在于受众反馈的汇集，各个媒体的受众反馈意见聚集和分类，有助于各媒体优化工作、精准发力。

积极掌握高校网络思政的主动权,对弘扬主旋律、推进网络思政健康发展有重要作用。网络思政信息内容多种多样,信息传递的互动性强。网络思政信息获取途径多样、覆盖全面。要增强高校网络思政的实施能力,强化体系建设,创新手段方法。

第三章 高校网络思政的特点

随着互联网技术的普及和思政工作的深入开展，网络思想政治工作逐渐成为高校思想政治教育的重要内容。党的十九大对办好网络教育、实现高等教育内涵式发展提出新要求，高校思想政治工作迎来新时代。在网络信息技术席卷高等教育大环境的今天，网络承载着传播思想政治教育内容的重要任务，是广大高等教育工作者开展思想政治教育的新方式、新途径和新阵地。积极掌握高校网络思政的主动权，对弘扬主旋律、推进网络思政健康发展有重要作用。

一、高校网络思政的内涵

网络是传播信息的媒介，也是高校管理的必要工具，更是高校宣传教育的重要阵地。网络平台上信息的开放性为高校思政教育工作提供了新的发展机遇，思政教育与网络相结合有助于拓宽传统思政教育工作的渠道。

（一）网络思政的概念

网络思想政治教育，是基于传播学原理，利用网络技术开展的思想政治教育。网络思政的主要方式是在了解网络技术与多媒体知识，掌握现代网络传播技术手段的基础上，通过制作、传播和控制网络信息，引导学生全面客观地接触信息，选择吸收正确、健康、积极向上的有效信息，以达到思想政治教育目的。网络思想政治教育是传统思想政治教育与现代网络科学技术相融合的表现。不同于传统思想政治教育的是，它充分利用现代网络技术手段和传播方法，是思想政治教育的现代化方式。在信息技术高速发展的时代，建设和发展网络思想政治教育有重要时代意义。

（二）高校网络思政的重要性与紧迫性

1. 满足传播社会主义核心价值观的时代需要

在信息大爆炸的时代背景下，繁杂多样的信息时刻环绕在人们周围。无论是大政方针、社会热点、金融财政，还是休闲娱乐、出行交通等领域的新奇事物层出不穷。当代大学生作为网络的频繁使用者和信息渗透的易感人群，对网络提供的新鲜资讯、便捷服务更是趋之若鹜。在此背景下，传统的说教式思想政治教育已经变得很难满足当代大学生对于思政教育的需求，大学生们对事实的真相有着强烈的渴望，他们迫切地想要表达自己的真实想法与立场，急切希望得到他人和大环境的认可，希望借此来彰显他们独特的个性，发展他们的兴趣爱好，并且获悉与他们切身利益息息相关的有用信息。

网络思政作为网络传播时代的重要内容，不仅能够满足大学生相应的这些需求，更是高校思政教育课程的重要补充。而网络作为当代大学生获取信息的重要渠道，更应该成为高等教育领域传播社会主义核心价值观的主要阵地之一，受到广大高等教育工作者的强烈重视。高等教育工作者应当通过网络宣传、传播等方式，树立社会主义核心价值观的主导形象，引导大学生自觉将社会主义核心价值观确立为自身成长、成才的行为准则，帮助他们树立远大理想、培养家国情怀,自觉抵御不良思想的侵蚀,帮助他们成为实现中华民族伟大复兴的"中国梦"的合格人才。

2. 有助于提高高校网络思政质量

网络思政有别于传统的思政教育模式,将传统单一的说教式灌输教育模式转变为有反馈的双向互动型教育模式。网络思政摆脱了时间和空间的限制,学生可以随意选取自身方便的时间和对自己有益的内容进行学习、消化、吸收。网络思政在教育内容方面体现出传递信息的丰富性,在教育方式方面体现出表现模式的灵活多变性,在教育结构方面体现出组织结构的缜密严谨性,在教育实施方面体现出教育途径的高效便捷性,所有这些优势都为思政教育工作者开展网络思政,节约了教育人力、物力、财力的投入,更加有助于教育资源的重复利用,充分发挥教育资源的最大效益,在提高思政教育质量方面起到不可或缺的重要作用。只要思政教育工作者充分有效地利用网络技术的功能和形态,把握网络技术的运用规律,就能有效促进思政教育工作质量的提高,进一步推进高校网络思政健康有序发展。

3. 有助于收获高质量网络思政效果

在网络技术大发展、大变革的背景下,高校网络思政在引导大学生树立正确的人生观、价值观、世界观,提升大学生德智体美劳全面素质,培养大学生主体性、创新性、主动性、人本性、法制性等多维度品质等方面发挥着不可替代的重要作用。培养优质的高校毕业生和合格的社会主义事业接班人,是高校思政教育工作的主要目标和任务。而网络思政融合文字、图片、音频、视频等元素为一体,能够帮助教师充分调动学生的视觉感知和听觉感知,增强了学生的精神投入和兴趣倾向,提高学生主动学习的积极性,达到传统思政教育所不能实现的事半功倍的效果，提高思政教育的实效性，有助于收获高质量的思政教育效果，形成广泛认同的教育综合效应。

4. 形成高校网络思政良性机制

日益丰富的社会物质与人们精神层面的需求，高校思政教育面临着更高的要求。网络思政通过信息收集、统计分析、程序编写、指令生成等功能，不仅能够顺应社会教育变迁的趋势，更能够满足广大学生的实际需求，有利于创造丰富多彩的教育形式，营造寓教于乐的教学氛围，形成程序化、科学化、数字化的网络思政长效模式。利用先进的网络技术，网络思政突破了传统思政教育的瓶颈，对思政教育内容进行了全面创新，为广大师生提供了更便捷有效的沟通交流平台，切实增强思政教育的互动性，及时传达学生诉求，帮助网络思政者更加便捷地进行教育管理工作，有针对性地帮助学生解决问题、及时反馈信息，从而促成师生之间教学相长的协调教育模式，用正面、平等、鼓励、积极的方式引导学生进步，同时鞭策网络思政工作者自身成长，形成自我成长和他人教育相结合的良性机制。

（三）高校网络思政的目标与任务

社会主义精神文明建设是我国改革开放和社会主义现代化事业的重要组成部分，高校思政教育是我国社会主义精神文明建设的重要内容。因此高校思政教育应当坚持社会主义精神文明建设的核心内容和基本目标。我国高校思政教育应当始终坚持通过马克思主义科学理论教育广大青年学生，引导广大学生形成正确的人生观、价值观的传统与目标。思政教育的基本内容应当同党的路线方针政策进行紧密的结合，宣传党的光荣传统和正确指示。在网络环境下进行的思政教育，必须坚决服从这一根本目标，在网络技术基础上进行的改革与创新也应围绕这一思想主题进行，如果不能确保这一根本目标和思想主题，那么无论从何种形式上进行的创新都将偏离我国思政教育的根本目的。

网络思政的核心目标在于立德树人，旨在培养社会主义事业的合格建设者和可靠接班人。因此，网络思政的出发点在于育人，切忌单纯追求业绩而流于形式忽视内容。

网络思政的主要任务是聚焦线上线下两条主线，依托线上传播信息、互动交流的同时，举办一系列线下活动，实现线上线下联合发力，确保网络思政有落脚点，有载体。网络思政应当坚持依托教师、行政人员、学生三大主体，充分发挥三大主体作用，切实做到全员育人，实现自律自治。网络思政的视角要站得高，就要充分运用马克思主义基本理论，将之与国家形势政策紧密结合，努力实现提高大学生思想政治道德水平的目标。网络思政在内容选取上要注重兼收并蓄，广泛选取各类素材，在开阔学生视野方面发力，进一步提升大学生的综合素质。网络思政要选取有一定热度的主题，确保主旨内容紧跟时代热点问题，做到反应迅速，落点准确。网络思政的形式要贴近学生的根本喜好，主动贴近大学生的行为习惯，选取大学生感兴趣的形式开展教育。

（四）中国特色社会主义新时代对高校网络思政的新要求、新部署

党的十九大把习近平新时代中国特色社会主义思想确立为党必须长期坚持的指导思想和行动指南。作为马克思主义中国化的最新理论成果，习近平新时代中国特色社会主义思想，对坚持和发展中国特色社会主义的伟大实践起到引领作用，全面开启了中国特色社会主义新时代。高校思想政治工作者要按照习近平总书记在全国高

校思想政治工作会议上的重要讲话中提出的"因事而化、因时而进、因势而新"的"三因"理念,深入学习贯彻习近平新时代中国特色社会主义思想,理解其核心要义和丰富内涵,并将其贯穿于高校思想政治教育教学的全过程。

在互联网高速发展、不断变革的新时代,互联网引发的信息革命对思想政治教育教学方式提出了新的要求。面对新时代新变化,习近平总书记在全国高校思想政治工作会议上指出,"要运用新媒体新技术使工作活起来,推动思想政治工作传统优势同信息技术高度融合,增强时代感和吸引力"。当前高校思想政治工作者面临新媒体新技术的大势,唯有紧跟新时代发展脚步,开拓创新,不断进取,才能确保高校思政教育的时效性。在大学生日均使用互联网时长超过6小时的背景下,站在充满机遇与挑战并存的新时代,高校思想政治工作者要注重网络思政的建设与发展,在线下实体课堂教学的基础上,同步做好"线上教学"。创新网络教学方式、丰富网络教学内容、强化网络教学手段、优化网络教学技术,让学生有线下实体教学获得感的同时,收获线上虚拟教学的体验感。在建设社会主义网络强国战略的大背景下,高校思想政治工作者应当主动占领并坚决守住网络意识形态安全的新阵地,关注大学生思想认识新动向,运用网络思想政治工作新方法,积极引导学生树立正确的世界观、人生观、价值观,坚定理想信念,形成高校网络思想政治教育工作最大合力。

二、高校网络思政的历史方位

随着网络技术的快速发展与变革,高校网络思政的教学形式、手段、覆盖范围将思政教育推向了新的发展时期,多元化的网络环境使得高校网络思想政治教育呈现出积极与消极两个侧面。

（一）高校网络思政的积极作用

不同于传统的高校思想政治教育，网络思政借助网络这一具有信息传播更快、范围更广的方式与平台，收到了广大师生的热烈欢迎。当前信息时代网络技术高速发展，高校网络思想政治教育呈现出内容多样，互动性强，覆盖范围广等积极方面。

1. 网络思政信息内容多种多样

相较于传统思想政治教育模式，网络思政打破了时间与空间的限制，有效提升了教育的效率和质量，对提高教育的灵活性、多样性，实现真正的素质教育做出了重要贡献。网络思政信息的内容丰富多彩，内容展现形式也呈现多样化特点，在传统的文字信息以外，网络思政信息还包括大量的图片视频及音频资料，这些多种形式的信息呈现促使网络思政过程更加直观，具备更强的可信性和说服力。另外，通过网页、邮件、手机 App 应用等多种方式对指定学生群体进行定点发送信息，能够确保信息投递的准确性和快捷的传递速度，从而有效保证网络思政内容的时效性，紧跟新时代网络思想政治教育发展的要求。

2. 网络思政信息传递的互动性强

传统的思政教育方式主要是灌输式教育，思政教育工作者根据自身积累的专业知识、素养与经验对学生进行说教式教育，学生作为受教育者，只能被动接受教育，鲜少得到发表个人观点与想法的机会。在这一过程中，学生常常感到自己是教育的被动一方，导致了学生的学习主动性和参与度不高。在开放的、互动性强的网络上，网络思政为学习提供开放性的环境，所有的参与者既是教育者也是受教育者。由于网络世界具有隐秘性，学生不必与教师进行面对面的直接交流，这就排除了因此而引起的紧张和尴尬，教师与学生双方都可借助网络平台畅所欲言，利用各项传播工具对传统"权威者"的言论提出质疑，极大地提高了学生的参与度和互动性。这一模式也促使网络思政工作者不断提高自身教育水平，转变教学态度。在此过程中，网络思政者只需针对关键性、敏感性问题进行合理引导，方可达到期待中的良好教育效果。以学生为主体的教学模式是网络思政区别于传统思政教育的重要优势，教学的民主性因此得到发扬。

3. 网络思政信息获取途径多样、覆盖全面

传统课堂上的思政教育越来越难以满足学生的个性发展与兴趣需求，导致思政教育的时效性走下坡路。而多种多样的网络传播途径却可以轻松解决这一问题。网络思政工作者只需充分利用校园网络，发挥学校网络阵地优势，结合专业QQ群、微信群等手机无线网络，及时解读新鲜出炉的国家法律法规，正确引导学生关注社会上的热点话题，搜集并掌握学生的个性发展和利益诉求。充分利用网络的便捷性优势，快速地统一学生的主要思想，引导正能量的主流言论成为学校网络舆论的主导，并进一步利用网络传播手段在学生群体中深入广泛地传播，进而收获事半功倍的教育成果。网络思政的方式呈现多样性特征。它帮助思政专业教师摆脱单一的课堂授课方式，为教师在课堂之外的时间与地点开展思政教育工作提供了受众广泛的网络平台。例如，建立课后主题讨论群、创建教师思政网络论坛，为广大学生提供及时讨论课程内容、分享学习资料的机会；团支部书记和学院辅导员可以创建微信群、QQ群、微博、贴吧等平台，及时发布与学生切身利益相关的有效信息，掌握学生的思想动态，了解学生的真实想法与实际需求，实现网络思政的预见性与前瞻性。

(二)高校网络思政面临的挑战

鉴于网络环境的多元化发展，网络上存在许多难以控制的因素，这使网络思想政治教育工作的开展面临着极大挑战。大学时期是青少年价值观逐渐形成的重要时期，在这一时期，大学生的好奇心强，对网络不良信息产生的诱惑的抵抗力较差，复杂难辨的网络环境会对大学生脆弱的心理防线产生一些负面作用。此外，长期使用手机或者电脑进行频繁长时间的网络活动，会对大学生的身心健康造成一定程度的负面影响。当前网络思政正处于初步发展阶段，相对复杂的网络环境，过于单一的网络技术手段，有待完善的教育手段，都在一定程度上限制了网络思政的工作成效。

1. 高校网络教育环境相对复杂

由于网络传播环境复杂多样，而大学生对网络不良信息的抵抗力较差，在进行网络教育的过程中，一些错误思潮难免会对大学生的思想意识产生一定程度的消极影响。当大学生长期身处网络环境中，混淆了网络虚拟环境与现实场景时，一些违背道德伦理的行为难以避免，这就需要高校网络思政发挥其重要作用。一些高校大学生缺乏对网络思政活动的兴趣，倘若思政教师不进行及时的思想和舆论引导，当面临网络敏感话题时，将出现相对严重的后果。此外，高校网络教育环境具有开放性特点，积极和负面的信息都有可能同时出现，当积极的思政教育内容不被接纳，而负面的思政教育内容广受传播，高校思政教育氛围将受到严重威胁。再者，大学生容易遭受复杂的网络环境侵害，出现自私、冷漠的心理状态，缺乏正确的引导将会造成逃避现实、孤立自闭等情况，这都对高校顺利开展网络思政形成挑战。

2. 高校网络思政技术有待创新

高校思政教育网络技术不完善的主要表现是，网络思政工作者缺乏对网络技术的了解，以及网络实践教学的经验，导致在应用网络技术进行教育教学的过程中处于被动状态，而大学生由于长期并乐于使用网络技术手段进行学习活动，这种掌握技术的不对等性容易造成师生交流困难现象。另外，高校不重视或者缺乏对思政教师进行网络教学培训，会导致教师在授课时片面重视理论知识的讲授而忽视网络技术的掌握和应用，难以达到理想的教学成果。更重要的是，由于网络安全技术防范措施不到位，大多数高校还未建设完善的、规范化的网络信息管理系统，部分高校网络思政主体责任及处置制度也存在不健全现象，难以对不良信息的传播起到及时约束和制止作用。高校网络思政技术的不完善，影响了学生之间文化信息的及时有效传播，影响高校网络思政的时效性。

3. 高校网络思政手段有待丰富

当前高校网络思政的主要手段是通过教育平台进行信息传播，如此单一的教学手段和枯燥乏味的教学内容容易致使学生丧失思想政治课程学习兴趣。在多元文化日益发展的背景下，高校学生通过网络自主学习的方式已经得到普及，而在高校网络思政平台中，过于繁琐的文字介绍即对学生进行灌输式教育，不利于提高学生自主学习能力。忽视将学生的个性、喜好与采取网络思政网站建设措施相结合，必然导致网络思政网站的点击率低下，公众平台人气凋零。网络思政内容更新缓慢，思政教育内容缺乏针对性，教学内容的图文结构不合理，网络思政平台中缺少吸引学生注意的生动性活动，难以吸引大学生主动学习思政内容，由此产生对网络思政的怀疑和抵触心理，不利于思想政治观念的正面宣传。

4. 高校网络思政机制体系有待完善

网络思政需要同时具备思想政治教育的能力以及网络管理能力的复合型人才，但大多数高校的实际情况远远不及。一方面，专业思政教师和学生管理人员普遍缺乏较强的网络操作能力，不重视对网络思政课程、社会热点、学生关注的焦点等重要信息的维护，更新频率较低，耐心不足；另一方面，擅长网络管理的人员又缺少对大学生进行思想政治教育的专业能力。因此，在绝大多数高校还没有建立统一的合作机制和平台的情况下，提升高校网络思政水平陷入困境。另外，网络思政是一个庞大的系统工程，需要丰富的信息储量、广阔的内容涵盖面、多样的表达方式和高速的传播效率做支撑。然而，高校在搭建这一完善的网络思政体系方面呈现出许多不足之处。有的高校思政教育网站不重视自身的宣传，内容更新缺乏吸引力、不及时，造成大学生对思政教育网站的关注度不高、访问量较少等问题；一些思政教育网站上的信息内容多为枯燥乏味的思政教育文章或是学校的规章制度，难以引起学生的学习兴趣；校园网络思政内容多是一些经过处理的信息，对于一些时事政治、热点新闻会出现更新滞后、专业化程度不高等情况；一些高校的网络思政平台还存在定位不够明确、教学特点不够鲜明和对网络平台的整治力度不高等问题。这些问题或弊端是高校网络思政体系构建不完善的充分体现，也进一步限制了网络思政机制的发展。因此，完善高校网络思政体系，构建合理的现代化网络思政体系，实现网络技术的灵活性与思政教育的实践性有机统一，必将成为高校完善网络思政的着力点之一。

三、高校网络思政的对策

网络思政有别于传统的课堂教育教学，具有技术性、规范性、自由性、广阔性等特征，将现代化的网络技术和传统的思政教育内容相融合，对于以大学生为教育对象的高校思政教育具有里程碑式的重要意义。高校发展网络思政的目的是推进思政教育事业建设，培养优秀的社会主义接班人，打造思政教育新局面，创新高校思政教育品牌，最终实现教学相长的教育体制要求。

（一）增强高校网络思政的实施能力

从根本上提升高校网络思政的实施能力，需要提高大学生网络自律能力，鼓励大学生增强法制意识，做文明网民；要树立明确的思想道德教育观念，探索高校网络思政发展的新途径；要培养和引进思政专业过硬、熟悉网络技术的"复合型"人才，建设一支结构合理的人才梯队；要加强顶层设计，优化资源配置，构建完善的网络思政体系，建立健全的网络思政准则。

1. 提高大学生的网络自律能力

网络环境纷繁复杂，各种层次的信息充斥着社会的各个角落，多元化的流派和个性化的组织在网络环境中并存。而大学生处在一个甄别能力、判断意识、价值观念正在形成的关键时期，对网络信息优劣的辨识能力有所欠缺，容易陷入不良舆论的诱惑中难以自拔。因此，网络思政工作者在重视对大学生进行政治素质、思想素养、道德品质等方面的正确教育引导之外，还需要帮助大学生积累生活阅历，因地制宜地引导大学生健康地使用网络，鉴别积极向上的有用信息，杜绝负面内容的影响，提高自我控制能力和自我保护意识，树立明确的自我价值目标，培养权衡利弊的习惯，帮助大学生提升网络自律能力。通过网络思政，帮助大学生成长成材，培养大学生学习、生活、行为方面的网络自律意识，强化大学生的管理能力，实现提高高校网络思政成效的目标。高效网络思政工作者在进行网络思政教育时，应当倡导大学生在充分利用网络技术的同时，鼓励大学生增强法制意识，合理合法使用网络，自觉遵守网络管理条例，主动维护网络秩序，约束自身上网行为，争做文明网民。

2. 树立明确的高校网络思政观念

根据新时代中国特色社会主义理论的指导，高校网络思政应当树立明确的教育观念。首先，从思想层面出发，需要校领导积极地参与到网络思政中来，在校园网络建设规划方面，加强顶层设计，组织专业和技术过关的网络思政管理团队，开展分工合作，加大力度提高高校大学生对网络思政的关注度。其次，在当前高校网络思政的实际环境中，强化网络法制建设，实现高校与国家加强对网络教育把控力度的有机统一，努力降低纷杂的网络环境对高校网络思政产生的负面影响。另外，高校应当坚持多元化的教育理念，鼓励高校大学生培养团结协作、互帮互助精神，借助网络平台的影响力帮助大学生树立正确的教育价值观，以大学生思想道德的培养为基础，不断提高大学生的综合素质，提升其面临网络复杂环境的理性，重视构建完善良好的法律管理环境，鼓励引导大学生进一步自觉约束自身网络行为，正确判断各类网络平台上的复杂信息，提高大学生主动抵御不良信息的能力，从根源上杜绝恶意信息的传播。最后，改革传统的教育观念，转变教育与被教育的角色视角，明确学生在教育过程中定位，学生不再是教育的被动接受者，也可以是教育的主动发声者，不断发展新型开放式的高校网络思政模式，转变高校思政教育工作者的职业角色，树立明确的思想道德教育观念，推动思政教育工作者不断探索高校网络思政发展的新途径。

3. 加强高校网络思政师资队伍建设

由于当前网络思政需要提高教育的实效性方能取得显著成绩，高校思政工作者需要掌握更多信息，储备更多知识，具备更高素质。这些素质包括政治素质、思想素质、知识素质、专业素质以及网络素质。其中，网络素质指的是优秀的信息意识、信息能力、信息道德，完备的网络知识水平以及运用现代化网络技术的能力。做好网络思政需要既懂得思政教育又熟悉网络技术的"复合型"人才方能将网络技术手段灵活有效地运用在思政教育中。因此，高校必须坚持以人为本的理念，重视因材施教，加大力度培养一批专业化的网络思政队伍。在这支队伍中，所有工作者都应熟悉思政工作规律，具备深厚的政治理论水平，对现代网络的特征有深入了解，能够熟练地使用网络技术和手段，及时有效地解决网络传播中的问题，形成一支包括网络思政理论研究者、网络思政教育者、网络思政创作者、网络思政传播者、编辑人员和维护人员等在内的结构合理的人才梯队。

4. 构建完善的高校网络思政体系

第一，加强整体规划，优化资源配置，发展网络思政需要对网络建设进行整体规划和科学布局，加强组织协调和宏观管理，高度重视并深入研究当前和未来网络思政工作的重点难点，对网络资源建设任务进行整体设计，明确网络管理的体系与规则，全面系统地规划网络工作布局，尽量避免资源浪费、重复建设等问题，杜绝主次不分、各自为战等现象的发生，形成整体合力，牢牢掌握新媒体时代思政工作的主动权。第二，落实主体责任，注重协同配合，健全管理体系，齐抓共管、分工明确，建立起网络思政领导体制与运行机制，强化领导责任。高校中宣传、学工、保卫、信息网络等部门进行无缝对接，形成各部门、各院系、全校全员密切配合的网络思政管理体系，协力推进网络思政发展。第三，主动出击，重视疏导，壮大网络舆论阵地体系。要引导话语权，占据网上舆论的制高点，就必须主动出击，建立起反应迅速、畅通有效的网络舆情收集、研判、报送、处置机制，对热点难点问题进行准确把脉，及时正确引导，组织专家学者对网络热点问题及言论展开快速反应和积极论辩，引导广大学生树立正确的立场和观点，牢筑思想防线。

5. 建立健全的高校网络思政准则

在完善的高校网络思政体系的引导下，需要制定科学合理的网络思政准则，确保网络思政的有序进行。首先，网络思政工作者有责任强化思政课专任教师的网络教育应用意识，帮助专任教师根据大学生的具体学习情况，结合网络思政的特点，明确网络思政内容，全面提高网络思政课程的教学效率。其次，以网络教学方式为基础，网络思政工作者需要明确社会主义核心价值观，带领学生远离错误观点的侵蚀，免除错误言论对大学生产生消极影响。此外，立足于网络思政的特点，要明确学生的主体地位，牢牢把握自由性和开放性原则，形成高校网络思政的线上和线下相结合的协同教育。再者，在健全的网络思政体系基础上，不同岗位的工作者相互配合，提升自身的责任意识，整合学校、家庭、社会三方面的环境资源，利用现行的思政工作准则，顺应现代化网络思政的要求，努力提高高校网络思政质量，促进高校网络思政朝着科学化的方向不断迈进。

(二) 强化高校网络思政的体系建设

网络思政是顺应时代发展的必然,要做好网络思政,高校在开设网络思政课程之外,还应加强网络舆情监控,主动引导大学生正确面对网络舆情。充分发挥大学生的主人翁精神,坚持育人为本、德育为魂的教育理念,将校园文化的内容融入高校思政工作中,引领大学生综合素质全面提升。加强思政工作阵地建设,开辟网络思政新阵地,形成与时俱进的网络思政理论指导与实践经验。

1. 加强高校网络舆情监控与引导工作

网络思政的实施依托于良好的网络环境,其中网络舆情导向作为一把双刃剑,不断冲击着高校网络思政的发展进程。第一,网络思政工作者需要通过网络思政引导学生正确面对网络舆情,坚持正确的政治态度,这对网络思政的实施和发展至关重要。第二,加强网络舆情的正确引导,及时监控网络舆情态势,也是做好高校网络思政的一个重要环节。网络思政工作者应当主动了解大学生的思想和言论的动态,设置大学生感兴趣的正面议题和丰富多彩的内容信息,引导大学生积极参与到校园评议活动中,帮助他们培养辩证思考问题的习惯和积极向上的处事态度。第三,充分发挥网络作为思政工作媒介的功能,及时发现、跟踪并控制网络负面舆论,通过有效的网络技术操作第一时间解决网络舆论的突发情况,引导正面的热点话题,为营造乐观向上、态势良好的网络舆情做出努力。

2. 促进网络思政与校园文化的融合

高校的校园文化是学校办学的精神所在。校园文化是学校历年办学经验的积淀,承载着学校的深厚历史与精髓涵养,是学校人文素质奠定的根基,也是学校教育功能的延伸。在网络思政中融入高校校园文化的内容,不单单有助于校园文化的传承与发扬,更是把思政工作与校园文化相结合的有效措施，有利于网络思政工作者立足学校的特色文化与精神，引发和增进对思政工作的审视与反思，从而更好地引领大学生的思想素质、政治素质、文化素质全面发展，推动思政工作与校园文化齐头并进，进一步提升教育成效和教育认可度，对吸引优秀的生源和优质的教育资源起到重要作用。

3. 加强高校网络思政的阵地建设

随着网络逐渐成为当代大学生的"第三课堂"，在学生的学习、生活、思考和信息收集等方面发挥着重要影响，高校网络思政工作者必须准确认识高校网络思政相较于传统思政工作的新特点，树立强烈的阵地意识，持续加强阵地建设，保证思政教育的鲜活性和有效性。

第一，要用新时代中国特色社会主义重要思想占领校园网络时代的思想高地，牢牢把握思想政治工作的主动权。针对高校网络思政面临的新情况和新要求，进一步增强用新时代中国特色社会主义重要思想占领校园网络阵地的政治意识，提高对思政工作与网络相结合的重要性和紧迫性的认识。

第二，要开创网络思政基地，聘请一些专业性强、思想先进的专家和学者，对校院两级的网络思政工作进行积极参与和指导，开展网络道德教育、法制教育和爱国主义教育。在思修课中增加"遵守社会主义公德，建设网络文明"专题，在法律基础课中增加"依法使用网络，做文明守法网民"专题，在网上发布与爱国主义相关的思政内容，帮助大学生增强网络道德和法制观念，提高大学生对虚假信息、恶意消息等负面信息的分辨能力。

第三，组织一批网络技术水平高，思政专业素质过硬的专家学者制作集思想性、教育性、互动性于一身的信息资源发布到网络上，运用新时代中国特色社会主义思想的基本立场、观点与方法，聚焦当前大学生最关心的焦点问题，吸引大学生的关注和互动，发挥思政工作对网上舆论"定向导航"的作用。

（三）创新高校网络思政的手段

科学的工作手段是高校网络思政的重要辅助工具，利用现有的网络教学载体，能够营造出健康向上、互动性强的教育与工作环境。高校思政工作者需要把握网络思政的互动性特点，积极地利用QQ、微信、微博等网络平台和新媒体手段，与学生展开平等的沟通交流，赢得学生对思政工作者的信赖，为高校网络思政后续工作的开展奠定基础。

1. 利用网络载体，增强网络思政的互动性

工作方法和手段的创新对思政工作的质量在一定程度上有决定性作用。在新时代网络教育环境下，思想政治工作必须要充分发挥网络的优越性，有效利用网络系统的众多优势，结合网络的特点，逐渐完善思政网络平台的建设，通过多种多样的思想政治教育方式与途径，进行网络资源的优化配置，提升网络思政的质量。高校网络思政工作者要充分利用网络的互动功能，及时了解学生的思想动态，有针对性地疏导学生的不良情绪，积极传播正能量的信息，在组织各项网络教育活动的同时，给予学生正确的引导。

在此基础上，充分了解并掌握对当代大学生极具影响力的网络群体形式和交互方式，通过互动式的网络活动对学生思想、活动的指导和引领，有效应对新形势、新问题。作为开展思政工作的重要阵地，高校应当充分利用海量的网络资源这一条件，将思政工作与先进的网络技术进行有机的结合，丰富和创新思政教育工作的手段与形式，增强枯燥理论的生动性和形象性，不断促进理论与实际相

结合的程度，激发当代大学生对思想政治方面的学习热情、互动兴趣和创新动力。另外，要提升思政工作的质量，还可以通过研发新型的网络思政软件或者 App 来实现这一目标。这类网络思政软件或 App 可以是专业性的思政教育软件或 App，也可以是含有思政教育内容的软件或 App。在长期使用这类应用的过程中，软件或 App 用户将在潜移默化中接受思政内容所蕴含的丰富的思想观念，并对这些思想观念形成一定的认可度。这些意识形态内容在不知不觉间渗透在用户的内心，潜移默化地影响着用户的政治观、价值观和人生观。因此，网络思政工作者可以通过研发趣味性、实用性强的思政教育软件，来加强思政教育的渗透性，最终达到潜移默化地教育和影响学生的目的。

2. 运用网络新媒体平台，构建师生平等交流的网络思政环境

首先，基于网络的平等性原则，构筑师生平等交流的网络思政平台，能够给予大学生自由地发表言论的舞台，而网络思政者也可以对平台上的言论进行监控和引导，便于师生通过平台展开直接交流。其次，在网络思政手段方面开展创新工作，灵活运用多媒体工具制作精美的教学板块和课件，用生动的教学形式、多彩的教学内容，引发大学生对网络思政的积极讨论，提高大学生对网络思政的关注度。

注重对学生学习网络思政内容积极性的充分调动，对网络平台上的教育信息进行及时有效的更新和管理，进一步提升教学内容的针对性。另外，基于网络互动平台，通过与学生聊天、咨询等互动环节，了解大学生在学习与生活中遇到的问题和难点，用积极的方式、耐心的态度帮助学生解决问题。再者，为了及时全面的了解大学生的思想动态，网络思政工作者还应利用网络组织互动性强的思

政教育相关活动，采用线上意见征集、调查问卷等形式，及时了解学生的所思、所感，为学生提供自主发声的机会，并给予及时反馈，构建和谐自律的网络思政氛围。面对现代化的网络思政，要让更多的大学生亲身参与进来，为不断扩大网络思政的影响力开辟新的道路。

要构建师生平等交流的网络思政平台，必须结合网络时代的特点和优势，为平台的具体实施奠定理论与技术基础。

首先，要灵活利用网络和新媒体操作手段，建立微信群、QQ群，结合统一交流平台的搭建，实现师生之间、学生内部、教师内部的及时沟通。利用网络技术和多媒体技术，对思政教育的内容进行丰富和扩展，在传统单一的文字内容基础上，加入图片、视频、音频等极具吸引力的生动元素，整合视听多元的教育资源，与丰富发展的思政教育素材相结合，有效提升学生认识和接受思政内容的程度，进一步提高网络思政平台的教育效果。

其次，结合新时代的网络特点，在开展相关思政理论教育的同时，重视对大学生心理素质的提升和培养，在提升大学生的认知能力的同时，重视大学生的挫折教育，培养和强化大学生对问题的解决能力。

再次，利用网络上丰富的资源和信息，积极查找和收集与思政工作相关的素材内容，寻找和提炼帮助大学生培养健康的心理素养的方法和途径。充分发挥网络平台的优势，提高大学生亲身实践的能力。发挥网络思政工作者的引导作用，强调与时俱进，紧跟时代发展的要求，精准把握思政教育进程，从根本上建设好师生良性互动的思政环境。

3. 实施立体化多媒体教学，创新教育内容和环节，调动学生积

极性

积极实施集专题式教学法、案例教学法、课堂教师和学生互动式教学法、幽默式教学法、学生主演法、视频教学法和配音图片文字浏览教学法、网络直播教学法等多种教学方法于一身的立体化多媒体教学。这种先进的教学方法把讲述法、理论联系实际的方法有机地融合到一起。它以经典的思政教材内容为根本依托，以融传统教学和网络多媒体教学为一体的多媒体课堂为载体，通过开辟网络课堂、建设网络工作室的新形式，向大学生传授思政知识，开展以学生为主体的双边教学活动，利用新形式、新方法、新途径有效地将思政内容与网络多媒体融为一体。

实施立体化多媒体教学将网络资料、音频、图片、视频等单一元素通过网络直播、新媒体平台等各种先进的网络技术和手段有机组合，为大学生的视觉、听觉等感官提供全方位、立体性的新体验，有助于增强网络思政的吸引力和感染力。此外，立体化多媒体教学还可以将资料查询、模拟测试、理论要览、学者释疑、热点讨论等功能囊括其中，充分实现资源共享，促进网络思政效果的提高。通过立体化多媒体互动教学，传统的思政教育与网络多媒体教学得到完美整合，思政工作从平面转向了立体，极大地提升了网络思政的实效。

（四）改进高校网络思政方法

高速发展的网络传媒新时代为高校网络思政方法的改进创造了优越条件。多样的新媒体工具、丰富的网络资源、更新换代的教学内容和充足的资料案例为思政教师在网络上开展思政案例式教学提供了良好条件，教师可以通过网络新媒体平台增加大学思政课堂外的师生互动，及时反馈教学信息，了解大学生所思所想，帮助自身掌握教学效果以便及时调整教学方法。鉴于传统的思政课堂限制，大学生很难时常获得与名家面对面交流的机会。而现在，思政教师可以通过开辟网络课堂的形式实现学生与名家的直接交流，帮助大学生深入研究问题。网络思政还能够加强各高校思政教师间的合作与交流，促进大家共享教学资源、备课案例等，给不同高校思政教师提供分享心得体会、汲取同行经验的平台，帮助教师不断加深对思政内容的理解，改进教学方法，从而实现高校网络思政整体上的飞跃。

1. 改进灌输教学法，将教授法、讨论法和谈话法融入教学

在传统的思政教育中，最主要的教育方法是理论教育法，它的本质其实是灌输。传统的思政教育方式主要是灌输式教育，即教师进行填鸭式地讲解，促使学生被动地接受教学内容。这种灌输式教育很难发挥学生的主观能动性，容易使学生产生逆反和厌学等负面情绪，常常是事倍功半。在网络思政逐渐成为思政的主要教学途径的今天，高校思政教师面临着对传统的灌输式教学法进行改进的要求。在网络新媒体时代，针对大学生的信息来源和内容呈现多元化这一特点，理论灌输法从内容到形式都要不断改进与提高，互动性强的教授法、讨论法和谈话法需要被纳入其中。在理论灌输中有机结合教授法、讨论法和谈话法，有助于增加师生的互动，彰显学生的主体性，激发学生主动学习的积极性。

此外，尽管社会主义的意识形态是当前网络传播的主流意识形态，但是对于价值观尚处于形成时期的大学生而言，他们很容易对非主流意识形态产生好奇心理，甚至出现逆反主流意识形态而倒向接受非主流意识形态的倾向。这种问题的出现对网络思政教师的理论水平提出更高要求，教师需要在灌输思政主体内容的过程中，擅

于深入分析问题,并从日常生活的现实例子找到解释问题的方法,引导大学生用马克思主义观点,从新时代中国特色社会主义的角度研究问题。教师还应利用网络技术的优势,通过网络教学,改变传统的教育方法,确立以学生为中心的教学态度,以调动学生学习积极性和主动性为目标,在网络上以平等的身份与学生交流探讨问题,鼓励学生积极发表自身想法和见解,充分发挥大学生网络思政中的主观能动性,实现大学生的自我教育,进而激发大学生进行网络思政学习的兴趣。

2. 深化启发式教学,调动学生积极性和主动性

启发式教学的核心是启发学生的思维,这种教学方式产生的教学效果是通过调动学生学习积极性和主动性实现的。在网络时代,学生获取、查找信息的能力非常强,信息资源和来源非常丰富,这种情况下,大学生缺乏对信息进行甄别的能力,发现问题并正确分析问题的思维能力也不足。在深化启发式教学中,教师应当进行缜密的思考和精心的设计,结合当前教学内容与教学任务,深度发掘学生感兴趣的热点问题,针对相关热点向学生提出一系列问题,激励学生主动思考,与此同时向学生提供解决问题的途径与建议,帮助学生克服上述缺陷。当代大学生存在思维活跃、视野开阔、乐于表达、兴趣广泛、主人翁意识强烈等优点,教师只要选取能够激发学生兴趣的问题,学生就会对上网收集信息、深入思考分析、参与集体讨论等活动产生丰富的兴趣。

重要的是,在进行启发式教育过程中,面对学生关于问题的多种思考和多样视角时,教师要坚持自身的主导地位,针对学生的观点及时进行点评,主动引导正确的讨论方向,启发学生运用多种思维方式思考同一问题。启发式教学适合在网络思政过程中反复使用,

对不断调动学生积极性，激励学生主动深入地思考问题，提高学生独立思考与逻辑思维能力有重要作用。在学生对问题产生兴趣时，对其使用网络进行资料收集、案例分析等活动进行指导，能够达到事半功倍的教育效果。

3. 开展调研式实践教学，提升网络教学实效性

实践教学是思政教育的重要环节，传统的思政教育强调实事求是的思想路线，重视运用调查研究法，倡导开展针对理论的客观情况调查研究与实践。然而，传统的思政教育出于时间、经费等限制，实践教学往往是通过组织学生看展览、欣赏专题片或参观博物馆等活动来实现，这种流于形式的实践活动导致学生主体性得不到充分发挥，实践教学的实效性较低。

基于网络的调查研究法能够帮助学生通过在线访谈、问卷发放、分析报告等方式充分了解调查对象，收集网络资料、分析网上案例等方法展开问题研究。调研式实践教学可以由教师安排或者学生自主发挥的方式确定调研项目，通过学生单独或者分组的形式对调研项目展开课题可行性论证，并在教师指导和带领下进行实践调研、撰写调研报告，通过对感性的调研材料进行理性的理论分析，学生通过网络平台、新媒体分享等方式展示调研成果，及时获得教师的反馈，实现学生之间、组与组之间的互评。以网络为载体，调研式实践教学将自我教育、调查研究和实践教育等教学方式相结合，在调研实践的过程中，学生既能深入理解掌握思政教育的内容，组织、策划等实践能力以及写作素养都能得到全面提升。

高校网络舆情是社会网络舆情管理的焦点，对高校治理有积极的意义。高校网络舆情管理是"立德树人"的重要环节之一。要正确认识网络舆情的特点，正视管理中存在的问题，提升新媒体环境下高校网络舆情管理与引导水平。要优化高校网络舆情环境，制定积极主动网络引导规范，建设更强大的网络舆情工作队伍。

第四章　高校网络舆情的应对与管理

习近平总书记指出,要把网上舆论工作作为宣传思想工作的重中之重来抓,善于运用网络传播规律,改进创新网上宣传,发展健康向上的网络文化,形成网上正面舆论强势。近年来,随着信息技术和互联网的高速发展,特别是新媒介的普及应用,人人都成了信息发布、意见表达、社会动员的主体。互联网发展异常迅速,已经不仅限于单纯的"社会舆论放大器"的功能,甚至成为众多舆情风暴的发源地。高等教育领域不少看似起因简单、偶发孤立的普通个案,却在网络推手策划操纵下演变成难以处置的公共事件,有的可能发展成为关乎国家意识形态安全、社会政治稳定的"最大变量"。一些高校内部或与高校有关的事件刚刚发生,有关部门尚未来得及实施应对措施,负面舆情已快速扩散。由于传播迅速、影响面广泛,如果引导不善,负面的网络舆情将对高校形成较大威胁,造成巨大影响。另一方面,由于有的高校缺乏网络危机管理机制,使得突发事件在网络上传播并形成网络舆情,诱发危机产生,推动了负面舆情的传播和扩散,使危机事件的控制和应对难度加大,直接影响了高校的安全稳定和健康发展。在现代网络环境下,如何化解网络舆情带来的危机,无疑是当前高校不可回避的问题。因此,高校急需建立一套有效的网络舆情应对与管理机制。

一、高校网络舆情的概念

在《新华字典》中,"舆情"是指"老百姓的情感和社会情绪"。《词源》中,则把"舆情"解释为"百姓的意愿"。"舆情"一词古已有之,但近年来又成为流行词。现在的"舆情"则是互联网时代的产物,被赋予了全新含义。据现有文字记载,唐代诗人李中所作《献乔侍郎》一诗中"格论思名士,舆情渴直臣",最早使用"舆情"一词,距今已有1100多年,其意主要指普通下层民众的看法,与此类似的词还有"群议"。进入现代以后,这个词开始被"舆论"或"民意"取代。"舆论"或"民意"对应的英文单词是public opinion,通常指公众对于某一特定问题所表达的意见、态度和情绪表现的总和。作为舆论形成的先决条件,首先有量的要求,即必须是"值得注重的相当数量的人"的意见、态度和信念汇集起来才构成舆论。其次是形成机制制约。舆论并非仅仅是大多数人的意见,还有经由大众媒体传播,获得广泛认知或认同的意见。通常来说,各种意见、观点若只在街头巷尾议论中存在,其影响是极为有限的。只有经过大众媒体的传播,才可能唤起人们对某一社会问题的注意,进而形成舆论,影响人们的思想和行动。因此,从某种意义上说,舆论是大众传播时代的产物,所以新闻媒体被公认为"舆论界"。[①] 迄今为止,对于究竟什么是舆情、舆情的基本概念及内涵,尚没有达成共识。

最近几年,"网络舆情"逐渐成为一个热词为大家所熟知并受到各方面广泛关注。目前,相对占优势的观点是把舆情等同于网络舆

---

① 刘志明. 舆情与管理 [M]. 北京:社会科学文献出版社,2014.

论，把舆情的客体聚焦在网民对各种事件的态度、情绪和意见上。关于网络舆情的一种定义，指的是公众对于当前社会发生的"热点""焦点"问题，在网络上自由地发表观点，而且这种观点是有一定倾向性的，在一定范围内能够产生较大影响的观点。网络舆情是舆情在互联网平台的映射，网络舆情不等于社会民意。① 自2007年以来，一系列社会热点事件证明了网络舆情在舆论监督方面巨大的影响力，网络舆情已经成为政府了解民意、制定政策的重要依据。上海交通大学舆情研究实验室认为，网络舆情"是以网络为载体，以事件为核心，是广大网民情感、态度、意见、观点的表达、传播与互动，以及后续影响力的集合。带有广大网民的主观性，未经媒体验证和包装，直接通过多种形式发布于互联网上"。② 高校网络舆情是指以高校师生、工作或事件为舆情客体，在网络上表达的，带有情绪化和主观性的意见态度，既有正面舆情，也有负面舆情。③

二、高校网络舆情的类型与特点

（一）高校网络舆情的类型

做好高校突发事件网络舆情有效应对和管理，基础和前提是正确认识网络舆情特征、科学把握网络舆情传播规律。根据工作经验，大体可以将高校网络舆情分为以下几类。

1. 时政类网络舆情

---

① 喻国明，李彪. 社交网络时代的舆情管理 [M]. 南京：江苏人民出版社，2015.
② 上海交通大学舆情研究实验室. 中国社会舆情与危机管理报告（2012）[M]. 北京：社会科学文献出版社，2012.
③ 王灏. 新媒体环境下高校网络负面舆情引导研究 [J]. 今传媒，2017（1）.

时政类网络舆情指的是围绕新近或正在发生的政治事件而产生的舆情。当前网络和新媒体已经成为人们获取各种信息的重要途径，高校师生可通过多种渠道迅速了解世界，发表观点和意见。高校师生群体公民责任感较强，每当遇到某些时政类热门话题，尤其是如领土主权、贸易对抗、重要会议、两岸关系、重大政策法规、敏感时间节点等热门时事，极易激发高校师生的社会责任感和民族情怀，进而引发大规模的网络舆情。

2. 安全类网络舆情

习近平曾指出："治理之道，莫要于安民。"治国理政的关键，莫过于使人民安定，人民安定的底线就是生命财产的安全。高校是社会的一个重要组成部分，一直是社会思潮的风向标、晴雨表，校园安全事件也会波及整个社会。现在，高校一有风吹草动，就会牵动社会和家庭的敏感神经。如果遇到高校师生或校园安全事件，极易触动家长和社会，从而形成舆情。这类舆情主要是指涉及高校师生的突发公共卫生事件、突发意外事故、意外伤害事件等，如：食堂卫生安全、火灾、中毒、集体活动踩踏、师生重大交通事故、师生非正常失踪、死亡等重大影响高校和社会安全稳定的其他事件。

3. 后勤类网络舆情

后勤工作事关师生员工的衣食住行和学校教学科研的正常开展，联系民生紧密、服务师生直接，随着公民个人权益观念的深入人心，高校师生维权的观念日趋成熟，有的师生在对学校后勤保障不满意，感觉自身权益受到损害时，到有关部门多次反映没有结果后，就通过网络进行维权。将对学校所提供生活保障的不满和权益受侵害以及维权的经历在网络曝光，借此引起其他师生和网友的共鸣，从而使得有关部门重视并解决。网络已经成为了高校师生吐槽学校条件、维护自身权益的一个重要平台。对食堂饭菜品种质量和价格不满、新校区图书馆建设滞后、夏季炎热要求宿舍安装空调、教师待遇问题等，容易形成舆情。

4. 参与类网络舆情

互联网已经成为学校各个部门发布信息公告，收集师生对于教育教学、科学研究、学校建设、机制改革、学科发展、职称评聘、考试、住房、福利、工资等意见建议的主要平台。同时在网上，高校师生会对学校的重大决策部署和管理工作发表自己的看法和意见，网络已经成了师生员工民主参与和舆论监督的重要渠道。这类网络舆情主要源于管理不规范、体制机制不健全不完善所带来的负面问题，如在管理制度、入学招生、考试规范、收费标准上不透明、有漏洞，从而导致积压的矛盾在网络上集中爆发，形成极具破坏力、影响力的网络负面舆情。如 2015 年，网上曝光某校硕士研究生违规转学，学校官方给出的应答不及时，使该话题迅速成为微博热门话题。针对"转学规定模糊"的硬伤，舆论普遍呼吁加大监管、处罚与公示的力度，违法必究，有贪必查，避免"转学腐败"现象的重复发生。2015 年，多所高校新校区图书馆启用滞后引发舆情。

上述网络舆情有些因为意见累积多年学校没有及时重视并妥善处理，有些则在事前无明显预警，事件偶然发生并迅速蔓延发展，对校内师生的学习工作、对学校的形象声誉造成了不良影响乃至造成一定程度危害。其中既有突发火灾、教学设备破坏、交通事故、刑事案件、食物中毒、校外人员冲击教学等与保卫安全相关的舆情事件，也包含了学术造假、学术不端、师德败坏，以及部分师生的不当言行被曝光等。日常突发类网络舆情发展迅速，网上燃点低，如果缺乏官方及时、权威的消息发布，会导致各类谣言扩散，也易引起媒体的关注，使得事态进一步扩大。其中特别值得关注的是高校师德相关的突发舆情，据《中国社会舆情与危机管理报告》统计，2013~2014年间，贪污腐败在高校舆情事件中所占的比例高达28%。与此相关的领导作风、"三公"经费等也是容易成为舆情事件关注的热门焦点。某校教授在网上公开指责校长享受食堂就餐特权，引起了广泛的网络讨论。

（二）高校网络舆情的特点

网络舆情是公众借助网络传播工具表达自身意见、观点和诉求所形成的新媒介舆论场，它既不同于传统媒体的新闻舆论场，也不同于现实社会交往中的口头舆论场，有着其自身的鲜明特点。同传统媒体时代的舆论相比，网络时代的舆情传播机制有了根本性变化。教育一直是全社会高度关注的领域。高等教育领域亦是如此。教育事业涉及千家万户，关乎群众切身利益。高等学校是知识分子荟萃聚集的地方，是情报信息的密集区，处于政治斗争的前沿阵地，历来是境内外敌对势力渗透破坏的重点。高校的稳定不仅关系到学校的教学、科研及各项工作的开展，关系到国家人才的培养和教育事业的发展，而且关系到国家稳定的大局。由于当前社会问题和高校内部问题相互交织，治安问题和政治问题相互影响，人民内部矛盾和敌我矛盾相互渗透，影响高校稳定的因素呈现出多样化、复杂化的趋势。高校是为国家培养高素质人才的重要基地，做好高校的安全保卫工作，为广大师生创造良好的教学、科研和生活环境，不仅关系到广大师生人身财产安全，而且关系到高校和社会的稳定。习近平总书记指出，没有网络安全，就没有国家安全；没有信息化，就没有现代化。高等教育关系到千家万户，主要面对的是思想活跃的高校教师与学生，属于舆情的高发领域。

1. 内容的多元性和相对确定性

目前，网络舆论已成为党和政府倾听民声、体察社情、了解民意的一个重要渠道，在高等学校，越来越多的老师和同学也选择在网络上表达自己的思想和观点，每个网民的生活境况、家庭背景、经济状况、教育程度等不尽相同，这也造成了其所关注的问题千差万别，因此，高校网络舆情从内容上呈现多元且分散的特点。但是由于高校相对于社会而言，具有一定的独立性和封闭性，加之，高校网络舆情制造者情况的相对相似性，关注问题相对集中，高校网络舆情的内容又呈现着一定的相对确定性。

2. 产生的自发性和非规律性

互联网是完全自由开放的，人人都有麦克风、人人都有摄像机，人类已经进入一个空前自由表达的社会发展阶段。人人皆可自由自发地发表意见和参议政事，每个人既是信息的发布者，又是信息的评论者。网上舆情的主题极为广泛，话题的确定往往是自发、随意的。任何一件事件发生后，网民均可以通过"三微一端"等社交媒体自主发表意见，反映自己的真实情绪。有些高校网络舆情的形成也是毫无规律可循的，有时一个不起眼的小事件或者偶发话题，会短时间内酿成"大舆情"，使人防不胜防，措手不及。

3. 形成的迅捷性和不可控性

网络舆论的形成往往非常迅速，一个热点事件的存在加上一种情绪化的意见，就可以成为点燃舆论的导火索。当某一事件发生时，网民可以立即在网络中发表意见，网民个体意见可以迅速地汇聚起来形成公共意见。同时，各种渠道的意见又可以迅速地进行互动，从而迅速形成强大意见声势。新媒体的发展极大加快了信息传播速度，扩大了信息传播空间。网络舆情的形成往往非常迅速，当某一事件发生时，网民可以立即在网络上发表意见。日新月异的新媒体技术可以将分散、孤立的社会个体，以不同的关系组成众多的小群体，使信息传播呈几何级数对外扩散，形成病毒式传播。高校学生是网络社会的"土著"，与互联网有着极强的粘连性，对新媒体尤为熟悉。因此，涉及高校突发事件的信息往往能瞬时传播，舆情往往能在短时间内升温。高校网络舆情形成的迅捷性和不可控性，一方面是由校园网络议题内容的普遍性和发表的时间等因素决定的。另一方面是由于新兴互联网技术，比如手机上网、微博微信等的兴起。由于互联网是一个开放的平台，网络空间的虚拟性、广域性使信息能够在极短时间内扩散传播，并成为网民关注的焦点。在高校中，手机上网比率相对更高，手机上网的普及使得高校网络舆情的形成过程更加迅捷，难以掌控。

4. 影响的广泛性和立体效应

互联网的特性，使舆情信息传播的速度更快、扩散面更宽、影响更广泛。在传播方式、速度、范围上，互联网有着传统媒体不可比拟的优越性，它可以迅速地把网络信息传遍世界任何有网络的地方和任何使用网络的人。同时，由于高校学生的相对集中性，学生网民交流机会多，校内网络平台的相对单一性，线下线上的影响相互作用，很多舆论在线上的影响逐渐扩大至线下，因此，使得高校舆情信息在校园中的影响更加广泛。高校师生员工这一受众群体，有着较普通网民更为活跃敏感的思维与反应，也更易在舆论场中进行高频的互动。自媒体的盛行，使得每一个人都可能成为信息的发布者，公共信息的传播，更演变成为全民参与的社会现象，而"信息的网状传播结构形成，将每个个体的信息传播能力以指数级放大，形成裂变式效应，信息传播影响力立体效应呈现"。近年来的一系列高校危机，频频遭遇校园舆论场的网络围攻，迅速扩展到网络的社会群体性围观，甚至引爆师生的负面情绪，继而扩展到全社会，对高校声誉产生巨大冲击和影响。

5. 言论的非理性和富情绪化

非理性和情绪化是网络舆情的最显著特征。由于受各种主客观因素的影响，一些网络言论缺乏理性，比较感性化和情绪化，甚至有些人把互联网作为发泄情绪的场所，通过相互感染，这些情绪化言论很可能在众人的响应下，发展成为有害的舆论。网络因其匿名性，网民的言论往往更加情绪化。高校青年师生个性鲜明、思想活跃、富有激情，喜欢通过网络表达自己的观点。他们有思维活跃、敏感性强、理想性高的积极的特点，也具有情绪化和感性化、未必能够理性客观地从多角度审视问题的消极的特点。由于网络信息源头难以监控，没有明确的把关人，其信息往往难辨真伪，导致失真性传播。一些人年轻气盛，容易冲动，自控力较弱。当突发事件发生后，他们会迅速通过网络交流互动，自发形成一个个交流圈，不断强化某种倾向性观点和主张，形成群体极化效应，往往对于事物的观察和思考容易走极端，容易将社会的复杂性简单化。他们在互联网上积极发表意见、参与话题讨论或以跟帖方式发表言论，渴望表达自己的观点和主见，但是表达的内容中通常存在不区分事实和意见，不区分意见和情绪，同时容易出现一些言辞激烈，甚至接近谩骂的内容等问题。因此，高校网络舆论经常会出现非理性的特征，这些非理性的讨论往往不利于问题的解决，反而会导致事态的扩大化严重化。网络舆情也使得"造谣传谣""恶意炒作""网络水军""发泄不满""网络推手"甚至别有用心者怀有其他政治目的等制造虚假"网络民意"的现象和机构层出不穷，严重干扰了正常的网络秩序,给办学治校甚至正常的教学科研工作带来了极大困扰。网络负面信息快速传播所引发的蝴蝶效应,对高校、教育系统乃至社会舆论的安全、国家的稳定造成了一定威胁,网络舆情监测、管理、危机处置、舆论引导因此变得十分重要而迫切。

高校网络舆情的上述特征,使舆情管理难度加大,要求高校宣传思想工作部门高度重视网络舆情管理,彻底转变传统思维观念,有效提高网络舆情管理能力和水平。当前,一些高校宣传思想工作部门在网络舆情管理重视程度和人员能力方面还存在薄弱环节。比如,有的思想观念僵化、危机意识淡薄,对网络舆情不重视,不能及时掌握舆情发展态势,不能迅速作出回应,结果酿成重大舆情危机;有的缺乏应对网络舆情危机的能力,在舆情来临时不知所措,应对方式简单粗暴,导致事态扩大。

三、高校网络舆情管理工作的重要意义

(一)高校网络舆情是社会网络舆情管理的焦点

我国是高等教育大国,据教育部《2016年全国教育事业发展统计公报》显示,全国各类高等教育在学总规模已达到3699万人,高等教育毛入学率达到42.7%,全国共有普通高等学校和成人高等学校2880所,且还有增长之势,在校大学生数量稳居世界第一。教育是国家长治久安的根本。随着我们国家经济实力的不断增强,社会现代化水平的日益提高,网络媒体发展迅猛,使得教育类的网络舆情事件频发,其中高校网络舆情事件最为突出。

另外,高等教育的特殊性使其格外受到社会各界的关注,高校负面舆情对价值观念、群体心理、学校形象等都会带来不同程度的

危害，具体表现在：一是弱化甚至消解主流价值观念，使社会群体、师生对政府、学校、教师产生信任危机，并引发不满情绪，扭曲主流价值观，增加社会负能量。二是高校负面舆情的传播，特别是安全类舆情，极易引发师生及社会群体恐慌。三是损害学校声誉和形象，每年在招生季前后，总有别有用心者在网上挑起话题，抹黑学校，影响和干扰考生选择报考志愿和高校招生。研究高校网络舆情的内容和特点，对于妥善处理危机事件，提升教育行业的整体形象，服务教育决策具有积极意义和价值。

(二) 网络舆情对高校治理有积极的意义

舆情的本质是社情民意，新时期加强高校网络舆情的研究就是提升高校治理能力和治理水平。首先，通过新媒体的"大数据"分析，有助于高校更好的管理决策，提升管理水平。其次，通过加强舆情监测工作，主动学习、掌握舆情分析和处理的原则技巧，不断总结与反思同类高校网络舆情事件应对的教训和经验。再次，通过网络舆情的积极应对，将网络舆情负面事件转化为积极作为的外在展示，同样能提升教育主管部门和高校自身的形象。最后，网络舆情的监测和分析还能有利于教育主管部门和高校的决策，较好地把握人民群众的意愿，同时获取民众的智力支持，在网上与民众形成良好的互动，增强政府和公民之间的亲和力，赢得社会大众的拥护和支持。[①] 高校网络舆情治理过程是多元主体之间沟通和协商的过程。网络为学校决策和管理部门提供了师生和社会民众的反馈意见，提供了畅所欲言和表达空间，避免因为信息不对称或误读加剧对峙

---

① 金春贤. 新媒体环境下高校网络舆情管理机制研究［D］. 吉林大学硕士论文，2017.

和矛盾，促进凝聚共识，推动良性互动。复杂的网络媒体环境要求高校管理部门具备相应的网络舆情应对能力，网络舆情对高校突发事件本身的放大与聚焦作用需要我们进行深入、科学的研究与理性分析。移动互联网时代，舆论格局日益复杂，利用大数据进行舆情监测，加上专业人员的舆情研判，能够及时跟踪事态发展，快速应对舆论危机，主动引导舆论方向。因此，研究管理高校舆情，对引导高校舆论、服务高校决策、提升高校治理水平具有重要作用。中国传媒大学高教传播与舆情监测中心与中国传媒大学国家语言资源监测与研究有声媒体中心共同开发的高等教育舆情监测系统（CUCHEPOMS），监测系统全天候24小时全自动实时监测传统媒体、网络媒体、自媒体上的舆情信息，监测专题包括13个方面：体制改革、政策聚焦、质量评估、管理、就业、学生、教师发展、学科专业、人才培养、科学研究、社会服务、高校反腐、国外教育。监测平台每日对舆情信息进行自动分析，形成监测报告，基本实现了高等教育领域舆情的自动监测与预警功能。[①]

（三）高校网络舆情管理能助力"立德树人"

习近平总书记在全国高校思想政治工作会议上强调，"立德树人"是高校的立身之本。在互联网信息技术环境下，网络平台是高校思想政治教育重要阵地之一。高校网络舆情管理的主体是高校师生。师生通过网络新媒体，就某一事件各抒己见、百家争鸣，把各种思想汇流成网络舆情并主导事件发展的方向。在具体的网络舆情管理中，高校教师不但是管理的主体也是参与者，无论是现实中还是在网络虚拟社会中，教师都要扮演好知识的引导者和道德的引导

---

① 王保华. 中国高等教育舆情报告（2015）[M]. 北京：高等教育出版社，2015.

者角色。近年来,随着互联网的迅猛发展,高校受到网络内外因素的影响,网络舆情事件频发,造成师生思想波动,对学校形象产生了损害。同时,大学生在培养过程中,由于网络舆情的误导,对社会、高校、政府发生误读,产生负面情绪,不利于将大学生培养成爱国、励志、求实、力行的时代新人。如何应对复杂多变的网络舆情,提高网络舆情的分析能力,及时准确把握舆情动态,科学引领网络舆论,优化高校治理环境,已经成为高校领导和干部师生必须面对的挑战。

网络舆情管理是高校管理工作的重要组成部分,也是落实对大学生全员、全方位、全过程育人的重要工作环节。高校肩负着培养中国特色社会主义建设者和接班人的重要使命,是意识形态工作的前沿阵地。要强化网络阵地意识,大力加强高校网络阵地建设和内涵建设,以主旋律引领多样化,做强网上正面宣传,培育积极健康、向上向善的校园网络文化,打造天朗气清、生态良好的校园网络空间,让校园网络成为师生共同的精神家园。

四、高校网络舆情管理存在的问题

由于我国高校开展舆情工作研究起步晚、力量薄,又直接面临新媒体技术迅速发展的冲击,因此在舆情管理与应对引导上存在不足。这一方面固然有着基础设施与专业人才缺乏的现实因素,同时也因为高校管理者舆情处置观念陈旧、处置方式被动,不能契合新媒体时代传播规律。[①]

---

① 王灏. 新媒体环境下高校网络负面舆情引导研究 [J]. 今传媒,2017 (1).

（一）认识不足

当前高校网络舆情管理工作存在着突出问题，首先是对高校网络舆情工作特别是网络舆情监测功能认识不足。在习近平总书记多次发表关于新闻舆论工作重要性的讲话后，各高校对舆情工作的重视度均有所提高，但由于我国高校舆情工作开展得较晚，仍存在主观轻视、硬件软件更新换代慢等问题。

很多高校虽然有与舆情相关的专业设置和技术力量，但其专业和技术优势并未发挥，没有为学校网络舆情管理提供专业和技术支撑。据调查得知，当前我国大部分高校的舆情监测软件是在市场中采购，而非自主研发的，成本高，保密性差，不能满足工作需要。高校领导对网络舆情的认知上主要停留在被动了解舆情的层面，对舆情管理的流程和环节重视不足。高校各职能部门和二级单位、学院的网络舆情管理工作更为薄弱，极少设有兼职岗位，全校的舆情处置引导工作往往是党委宣传部中单人或几人兼职负责，且舆情处置工作人员往往疲于应付学校大量的日常事务性工作，无法全身心投入做实做好舆情处置与引导工作。

（二）观念、方式落后

在新媒体是"所有人对所有人的传播"，人人皆记者，人人都有麦克风，全民皆媒体，传播格局被重塑，信息的传播越来越难以控制，人们既是表演者又是围观者，众声交织，曲终人散，意兴阑珊。不同年龄段师生被划分为"网络难民""网络移民""网络公民"，高校网络舆情管理者在观念和方法上不能落后于"网络公民"。

对负面舆情事件的处置，不能采用回避、删帖的方式，试图通过对事件的淡化，以所谓"冷处理"的方式避免事态扩大，或寄希望于出现其他新的更重要的舆情爆点事件,将网民的关注力吸引过去。以"冷处理"的方式避免事态扩大,不失为一种可行的办法。但在近年来多起影响较大的高校负面舆情中,高校管理者时常对网络关注点避而不谈,任谣言散布,直至事态发展已不可控制时才被动发声。对网络舆情基本上采取消极应对的传统策略,能拖则拖,这种保守、被动的处理方式使高校大学生的情绪得不到合理的宣泄,不但问题得不到解决,有时反而导致矛盾激化、问题愈演愈烈,与预期效果背道而驰。

(三)掌控与引导能力不强

高校在遇到突发舆情事件时,信息回应不及时,信息披露不能使人信服,难以在舆情应对"黄金时间"内作出正面有效回应,容易导致负面舆情失控,损害高校形象。这些问题反映了高校在舆情应对与管理方面能力不足,有时在舆情处置时缺少协同,效果不佳。

由于一些高校的职能部门、二级单位、学院舆情管理意识缺乏,无专职人员从事舆情处置引导工作,出了问题就上报给学校,不主动作为甚至出现线上仓促发声不当,引发舆情进一步扩大的情况。兼职网络舆情管理者多未受过专业培训,对网络监控不全面,没有建立起有效的舆情监测与管理体系。此外,舆情管理与应对对于工作人员的专业素质与政治敏锐性均有较高要求,而有的高校缺乏具有专业素养的舆情管理人员,研判分析能力较弱。

五、高校网络舆情管理水平的提升

(一)提高对高校网络舆情管理工作重要性的认识

近年来,在网络社会崛起的现实背景下,高校网络和新媒体呈现出蓬勃发展的新局面，高校各级领导和部门单位要切实提高认识，利用网络和新媒体技术，弘扬主旋律、传播正能量，牢牢把握意识形态工作的主动权、引导权、话语权，不但要关注和了解舆情，更要重视对舆情的研究、预警、分析、应对、管理等环节。

（二）健全常态化舆情监测与引导机制

随着网络和新媒体技术的发展，网络舆情事件发生率高升，高校不能仅仅依靠临时抱佛脚"救火队式"的工作方式，应该建立常态化固定化舆情监测岗位或机构，对社会网站及校园网进行全面监测，整合学校专业优势和技术人员力量，主动做好信息搜集、数据挖掘、分析研判等工作，预警舆情事件，防止舆情发酵，将舆情危害降至最低，提升学校网络舆情管理应对水平。此外，通过高校之间或者高校与教育部门之间的协同合作，建立起一套完善的舆情引导工作立体体系，委托有条件的单位提供舆情管理、监测、研判服务，将网络舆情工作纳入到各二级部门、学院的工作考核评价体系中，建立并完善高校舆情引导机制。在舆情引导过程中，各单位要做到分工明确，职责到人，统筹规划，既不能不发声，更不能乱发声。

（三）加强舆情管理硬件技术系统建设

高校要建立网络舆情的监控和分析、预警机制，切实提升高校网络舆情管理技术系统的支持作用，为高校实现有效的网络管理提供硬件和技术保障。当然，为了避免重复建设，提高舆情管理系统的利用率，让已有资源发挥更大效益，还可以委托有条件的高校或科研机构承担舆情监测工作，通过收取合适费用开展服务。这样既充分发挥了这些单位在网络设备、技术手段、人员力量方面的优势，节省了许多高校昂贵的硬件软件投入，又整体提升了高校应对舆情危机的能力。

（四）优化高校网络与新媒体环境

网络舆情根源在于网络，建立清朗的网络空间至关重要。当前，网络已成为高校宣传校园文化和开展思政教育的重要平台。要努力建设和谐、素质高、理性的高校网络环境，通过推动高校网络环境建设，使高校学生明是非、辨真伪，主动抵制网络不良信息和言论的影响。要出台校园网络管理的相关方案，制定网络文化活动的审核制度，规范管理。要整合校园网络资源，整顿校园网络秩序，明确归口管理单位。要重点建设一批有特色、有影响力的主流内容网站，开展丰富多彩的网络文化活动，占领网络主阵地。

（五）提升高校网络舆情管理队伍的专业素质

专业的网络舆情工作队伍对做好高校网络舆情应对与管理工作意义重大。高校网络舆情工作庞大而又复杂，对工作人员能力素质要求很高，要求高校加强教育培训，增加投入，锻造一支专兼结合的舆情管理工作队伍。合格的网络舆情管理者要掌握专业的舆情应对方法，既要灵活运用网络开展工作，也要善于将网上的问题网下解决。要调动高校党政干部和共青团干部、思想政治理论课教师和哲学社会科学课教师、辅导员和班主任、心理健康教育教师和学生骨干、网络评论队伍参与高校网络舆情管理工作的积极性，通过高校师生员工的共同努力，促进高校网络舆情工作的开展。要制定激励机制或政策，将这方面工作纳入到绩效评价体系中，对付出很大精力的高校网络舆情管理者进行奖励，调动并保持这支队伍的工作积极性，扎实做好高校网络舆情管理工作。

高校网络文化是高校人创造出来的网络精神、物质、制度、行为文化的总和。高校网络文化建设要强化思想阵地意识，秉持以人为本理念，坚持开放平等思想，加强内容建设和制度建设。要提高高校文化内容创作能力，创新高校网络文化传播形式，构建科学合理的管理制度体系。

第五章　高校网络文化建设的重点

互联网络诞生于 20 世纪 70 年代,网络技术的高速发展把人类文化发展推进到了一个信息化新时代。高校作为文化和科技发展的高地,互联网技术的发展与高校息息相关。从广义上来讲,高校网络文化是以高校内的校园人为主体,利用互联网、计算机、局域网等作为媒介和载体,进行的特殊方式传播的所有文化活动、文化现象以及文化成果的总和。从狭义层面上讲,高校网络文化是高校所有校园人主体创造出来的网络精神、物质、制度、行为文化的总和。高校网络文化是一种独特的存在,它是网络文化发展的先驱,也是高校校园文化的重要组成部分和呈现形式。

一、高校网络文化的内涵与特性

(一)高校网络文化内涵概述

高校网络文化有其物质的呈现,是高校网络文化的外在呈现和重要载体,有学者概括为包括计算机、网络、虚拟现实在内的物质的网络环境。网络技术的发展对于网络文化而言就如同坚硬的骨架对于机体的支撑,这部分既是网络文化存在的基础,也是其发展动力。制度方面的呈现则是维系高校网络正常运行的所有规范、制度以及师生对高校网络制度整体认识的总和，这个方面的涵盖面比较宽泛，包含了强制性的显性制度和非强制性的隐形约束，这其中有国家和相关网络管理部门制定的硬性法律规定，也有高校层面结合实际制定的各类规章制度，还有校园师生在长期使用网络中形成的道德约定和行为约束等。

高校网络文化精神层次的内涵则是高校网络文化中的核心和灵魂，是指高校师生在虚拟网络环境开展网络活动沉淀形成的思想观念、机制体系和网络活动的道德准则等精神形态的认知体系，是高校师生群体网络意识和网络素养的集中体现，其所倡导的价值观、思想理论和道德伦理应充分体现大学的人文精髓和育人导向，这也是高校网络文化区别于一般网络文化的特质。

正确理解和把握高校网络文化内涵要明确以下三个方面内容。

一是明确高校网络文化主体的特性。高校网络文化是基于高校这个特定环境产生的，主体构成要素是高校的校园人，每一位校园人都可以是校园网络文化创造、发展和传播的参与者，同样也是校园网络文化成果的享有者。高校校园人的主体在使用网络过程中，除了具有一般网络使用者的特性以外，在网络内容需求、在线时长、信息分类等方面有着自己的特性。当前，青年大学生群体是高校网络文化创造的活跃分子和生力军，但作为少数的高校教职工参与者更应该是推动网络文化健康、创新发展的中坚力量。

二是明确网络文化得以创新发展的基础。高校网络文化得以形成、传播、发展依赖于网络技术的迅猛发展，其形成和发展也必须遵守网络技术的发展以及网络中的语言表达、行为逻辑、信息传播的特性。从较早的高校 BBS 建设、官网站建设、微博群到现在的"两微一端""大学生在线""易班"等，高校网络文化的呈现载体是在不断发展的，而且作为网络技术发展的前沿，高校网络文化呈现载体具有极强的创新性和前瞻性。

三是明确高校网络文化的核心。高校网络文化不是独立于校园文化之外的，而是校园文化在网络化时代形成的一种崭新的文化形态，无论其形态和载体随着网络技术的发展如何变化，其核心应是大学精神，其承载的时代和历史使命应是传承和弘扬大学精神，为建设高品位的校园文化服务。

（二）高校网络文化基本特性

高校网络文化是植根于大学校园这一文化和精神沃土，随着网络技术的发展成长和发展起来的，比传统大学文化内涵更丰富、形式更多样，除了具有一般网络文化的共有特性之外，还有一些鲜明的特性。

一是导向性与教育性。高校网络文化具有正确的政治导向。随着网络的高速发展，世界范围内各种思想文化交流交融交锋日趋频繁，网络已成为敌对势力开展思想和文化侵蚀的"主战场"，高校网络文化建设应坚持以马克思主义为指导，始终坚持"二为"方向和"双百"方针，以社会主义核心价值观为引领，坚决抵制一切错误思想、低级文化趣味的渗透和影响。同时，高校网络文化也兼具教育性。"立德树人"是大学的根本任务，大学文化承载着育人的功能，高校网络文化在便捷的网络技术应用基础上，具有信息量更大、覆盖面更广、传播速度更快、内容和形式更生动等优势，其育人功能更为突显。

二是自主性和先导性。高校网络文化主体是高校师生，这个群体知识面广、思维活跃、创新意识强，在前沿网络技术的支撑下，能够更加积极主动地参与到网络文化的建设中，文化觉醒的主体意识更加强烈。高校网络文化作为社会文化的重要组成部分，在一定程度上是对高校集群状态的"折射"。高校是当代社会的重要组成部分，也是文化技术高地。近年来，高校校园文化在一定程度上引领和推动着社会文化的发展方向。这个过程中，网络就像一条重要纽带，社会文化通过这个纽带对高校师生产生影响，与此同时高校先进文化影响力也会通过网络传播到社会上，并对整个社会产生了深刻的影响，引领社会文化的发展方向。

三是开放性和互动性。网络文化是基于网络技术产生的一个开放的文化系统，高校师生可以通过网络随时随地参与网络文化活动。随着国际化进程的深入推进，网上不同国家间文化交流日趋频繁。虽然高校网络文化的指导思想是一元性的，但是网络文化的呈现却是多元的，不同国家、不同学校、不同时期、不同类别的各类文化这里相互交错，产生影响。同时，在这种开放的状态中，互动性的优势更加明显，并且这种互动性会随着互联网技术的发展更加先进，更具人性化，师生之间、学生之间、学校之间、学校和社会之间甚至国家之间的交流互动会更加便捷和频繁。因此在高校网络文化的建设中更应把这种开放性、互动性调控到可控的范畴，有意识用主流价值观加强引导，使之真正成为社会先进文化的引领者。

二、高校网络文化建设理念创新

（一）高校网络文化建设现存问题及成因

当前，互联网发展迅速，"如果说过去20年互联网'从无到有'，那么未来30年，互联网将'从有到无'，这个'无'是'无处不在'的'无'，没有人能够离开网络而存在"。当今互联网时代下的高校网络文化建设既拥有机遇更面临挑战，网络的开放性、交互性、虚拟性、无边界性对网络文化建设和管理的可操控性提出了挑战，其主要存在的问题如下。

一是网络文化建设重要性认识不足。思想的高度决定认识的深度，决定行动的力度。观念不到位是影响高校网络文化建设发展的关键因素。一方面，从学校整体层面来看，将网络平台建设成互联网时代高校思想政治教育工作的主阵地还未从根本上成为部分学校的工作理念，缺乏敏感性和判断力，对网络文化新形态和影响力无法迅速察觉和把握，进而使得"有而不优"成为部分学校网站建设的现状，由此引发如校园网络基础设施落后、网络服务水平不足、网络监管不严和由于对网络异常敏感产生的"网络焦虑""网络沮丧"等问题。另一方面，从师生个体而言，教师探索网络文化建设的强烈的主动性和求知欲，难以系统深入研究网络问题，无法自主解决网络问题，尤其是自主研发软件方面，能力相当不足；学生大部分仅视网络为消磨无趣时间、制造虚拟快乐的依托，而非进行学习研究的工具。

二是校园网络的建设投入不够。由于网络技术日新月异，各学校也随之加大网络建设投入，虽然学校在完善基础设施方面有所提高，但是就其与日益增加的大学生的匹配度而言，网络硬件建设远无法满足学生需求，并且不少学校没有合理的顶层设计，不善于建立校园网络文化建设的规划、资金、机构与专业人才的完整体系，这也影响了校园网络发挥其效力。

三是大学生网络素养和网络行为有待提升。网络环境是多元价值并存，各类道德标准横行的拟态环境，在这种现实被虚拟包裹交织的网络虚拟社会中，原有传统道德规范逐渐丧失其核心引导地位。人们在网络多元观的冲击下出现道德评价失范，进而出现道德规范和价值观念的选择失误等现象。在目前高校网络文化建设中，个人主导型网络失范行为是大学生主要的网络失范行为，具体体现为浏览和传播不良信息，非常规获取或盗用他人信息，恶意入侵他人网络信息，破坏信息安全以及在网络社会交往、网络用语和书写中丧失规范。

　　四是网络思想政治教育的有效性有待增强。一方面，网络思想政治教育是否有效受制于网络思想政治教育者自身素质。网络思想政治教育者并非都具有政治立场鲜明，道德品质高尚，专业知识丰富，网络技术娴熟等基本素质要求，也并非都能够花时间花精力，通晓网络语言，熟知媒体文化，运用媒介工具与学生平等交流，传递网络正能量。另一方面，网络思想政治教育是否有效也受制于教育内容。教育内容应当跟随主流文化，引领红色思潮。诚然，为了进一步加强网络思想政治教育的主动性，近年来高校创建大学生思想政治工作的新阵地如"红色网站"，站在思想舆论的制高点，以网站宣传来促进良性的网络思想传播，来营造良好的网络文化氛围，然而，这一做法并没有达到预期效果，不少网站出现网页访问量不高，部分优质文章阅读量不高，有些选题得不到学生认同，目标受众参与度不高等亟待解决的问题。综上，要解决网络思想政治教育的有效性问题，我们既要逐步提升网络思想政治教育者的素质，又要不断改善网络思想政治教育的内容。

　　五是社会影响和多重价值判断标准对原有信仰与价值观的冲击力未能消解。社会复杂多样充满不确定性，网络随意开放极具超真实感，在这样的背景下，封建迷信、暴力色情、拜金享乐等腐朽错误的文化价值观念轻而易举经由各方渠道传播。这不仅有损风清气正的社会文化环境，也荼毒了固有的正确是非观念，更影响了社会主义主流价值的传播。随着高校网络文化的产生和发展，原有校园主流价值观被弱化，多元价值判断标准被提上台面，个性化多样化的价值体系大有取代校园文化主流价值观之势，削弱传统价值观引领校园文化的规范与育人功能。

（二）高校网络文化建设新理念

我们不能对高校网络文化目前发展趋势装作"眼不见为净"，更不能抱着"事不关己，高高挂起"的心态消极回避，而应该正视当前网络环境存在的问题，肃清思想政治教育中出现的不正之风，明确网络的利弊，树立思想政治教育的新理念，提升营造良好校园网络文化氛围的主动性，在高校网络文化建设中明确思想政治教育的重要地位。

一是强化思想阵地意识。新时期，多元文化价值冲突在全球一体化不断加快的同时日益加剧，不同国家、民族、阶级拥有不同文化思想和价值观念，不同文化的摩擦与碰撞较过去更为强烈与复杂，我们应该与时俱进，利用网络，顺应主流文化，使高校网络文化成为高校思想政治教育的新手段、新载体和新阵地，并将社会主义核心价值体系和高校网络文化有机结合，在高校网络文化建设中倡导主流价值观，宣传红色正能量，充分发挥其在高校思想政治教育中的正面效用。

二是秉持以人为本理念。以人为本是坚持以人民为导向，是科学发展观的核心，更是网络文化中必须坚持的价值理念，高校思想政治教育旨在育人，就要坚持以人为本，既尊重师生普遍认同的主流价值追求，又包容不同个体合理的个性追求与价值取向；既建设满足师生学习、工作、生活需求三位一体的全面性网络服务平台，又创立面向有特长、有才艺、有想法、有需求的小部分师生的特色平台，在为师生提供一般服务的同时也能有利于师生发表看法、施展才华、提高能力、实现追求，不断提高师生的满足感、上进心、能动力与创造性，进一步促进师生的全面发展。

三是坚持开放平等思想。思想政治教育工作不应故步自封，而应该保持开放性，可以利用网络极强的交互性和开放性，焕发传统课堂的活力。一方面要保持传统课堂面对面言传身教的优点，另一方面要善用网络共享资源。例如运用网络视频与在线答疑等方式，延伸高校思想政治教育平台，改善传统课堂由于地点时间限制而无法及时传播政治教育思想的现状，也可以运用网络知识与技术不断提高教育工作者的素质。要引导教育工作者树立平等观念，正确对待网络环境中平等的学生个体，在彼此尊重的基础上，加深双方的了解，在了解的过程中传播健康的网络文化理念，传播主流的价值观念。教育者要了解网络环境，会用网言网语，尊重学生个性，走进学生心中，不忘教育使命，做好网络环境中思想政治教育工作。

三、高校网络文化内容建设

（一）提高高校网络文化内容创作能力

世界上没有完全相同的两片树叶。由于大学特色各异，不同学校的校园网络文化也存在差异。在提升校园网络文化的内容建设时，要结合学校特色，实事求是，因地制宜，根据学校发展理念和建设要求，在内容的背景阐述、话题选取、框架建构等方面逐步改进与创新。突出学校的优良传统和办学理念，深化学校的精神内核与价值追求，丰富学校的文化理念和文娱活动，以校园网络为载体，充分展示和传播校园文化的内容，进而涵育别具一格的校园网络文化。

以校园文化为基础，丰富高校网络文化的内容与表现形式。在内容上，应当充分利用校园文化多种资源，加强思想政治教育，运用网络平台开展高校思想政治理论教育、道德法纪教育和心理健康教育；丰富社会人际交往，借助校园网络促进文明、和谐、虚拟、开放的社会交流空间；提升网络主体素质，提升高校网络使用者在文化内容创造上的主动性、能动性和创造性。在形式上，举办网络活动，例如积极建设红色网站、推进网络课堂、宣传网络知识竞赛；传播高校网络文化，例如运用网络热词宣传学校历史与办学精神；增加反馈渠道，例如 bbs 论坛开设答疑板块，在接收学生信息的同时予以反馈。在新形势下，要与时俱进，在符合大学生上网规律的前提下不断完善网络文化的表现形式和内容。

发挥多功能优势，努力打造主题鲜明的校园文化品牌。在找准校园文化特色的前提下，不断提高校园文化的格调，打造响当当的校园文化名片，创建一系列主题明、质量高、品牌化的文化栏目，培育一大批有实力、有号召力、有正能量的网络名编名师，创造一件件内容翔实、情感真、语言有说服力的优秀网络作品。创建文化品牌，可以通过鼓励使用多媒体平台强化师生互动，推出系列精品课程与名师讲座，开办名师栏目推出名师佳作等途径来实现，在提升校园文化知名度的同时，也应当将社会主义核心价值体系融入网络文化建设，在正确理念的引导下，不断增加校园文化品牌的识别度与吸引力，从而实现以文化人以文育人的功能。

发挥理论研究智库作用，用科学的理论成果指导建设实践。认识指导实践，在校园网络文化建设中，应该用科学的理论成果指导实践。一方面，要实事求是，理论联系实际，明确网络文化建设的主题，结合师生实际需求，在理念、内容、方法上深入研究，不断创新，另一方面，要将改进方案落到实处，化理念为行动，加强高校网络文化研究基地建设,提升高校网络文化建设研究者的积极性,加大高校网络文化课题占各类社科基金的比例,不断提高高校网络文化研究的水平。

(二) 创新高校网络文化传播形式

创新校园网络文化形态。内容决定形式,形式体现内容,二者相互促进,校园网络文化创新也分为内容创新和样式创新两部分,在促进创新校园网络文化内容的同时,应加强其样式的创新。校园网络文化样式创新分为两种,一种是创造和使用多样化校园网络文化样式,如通过 BBS 论坛、微信公众号、微博等网络文化样式多平台同时传播或交叉平台传播校园网络文化;另一种助推传统文化的转型与升级,如纸媒电子化,把纸质版报纸、杂志等搬上电子屏幕,把依靠纸质载体转化为借助网络平台,新闻、影视、文学、教育等资源全部搬运到网络,这种创新的形式不光令人耳目一新,也更好地满足了师生员工特别是学生的精神文化生活需要。

加强校园媒体深度融合。要加强传统媒体和新兴媒体深度融合,尽快从相"加"阶段迈向相"融"阶段,实现融为一体、合而为一,不断提高新闻舆论传播力引导力影响力公信力。要更新思维,探索融合媒体的表达形式。在全媒体时代,校媒要全面认识并把握新闻生产的特点和舆论环境的"变"与"不变",尽可能回归媒体属性,遵循新闻规律,根据师生差异和媒介属性细分受众,以"全媒体"的理念组织开展各项工作,力争呈现更丰富多元的新闻产品,实现从媒体整合向媒体融合的转变。要重塑机构,为实现传统媒体与新兴媒体的资源整合与互补,需做到组织机构和管理方式的重塑与转变。要突破采编发流程再造这个关键环节,以"中央厨房"即融媒体中心建设为龙头,创新媒体内部组织结构,构建新型采编发网络。要加强全媒人才培养，加强媒体融合政策保障，推动形成"花团锦簇欣欣向荣"的校园融合传播布局。

加强网上思想文化阵地建设。高校在传播网络思想文化时要讲政治、有党性、抓主流、有筋骨，在创作网络文化内容时要不断践行社会主义核心价值观，在宣传网络文化理念时要秉持积极向上育人为先引领思想的价值追求，在符合学校自身气质的同时，绝不迎合低俗网络文化，在满足学校师生需求的同时，绝不放松网络文化建设的管制，在营造风清气正的校园文化环境的同时，在校园网络文化的建设过程中要始终传递红色正能量，积极发展新理念、努力创作新作品，坚持提高网络文化建设水平。同时也要借助高校网络文化阵地，传播中华民族传统文化的精髓，促进先进文化的数字化、网络化，加大中华民族传统文化的普及力度和传承力度。在联网传播平台推动中外优秀文化，让学校网络文化建设更加有深度，更加开放，进而不断推动高校网络文化繁荣发展。

四、高校网络文化制度建设

（一）加强高校网络文化制度建设的必要性

加强高校网络文化制度建设，是社会发展的现实需求，也是促进高校校园网络文化健康发展的根本保证。随着信息化的迅猛发展，高校网络文化管理工作中面临的资源统筹、组织管理、团队建设等问题愈发凸显，这对高校的网络文化管理者提出了越来越高的要求。网络文化管理是一个崭新的课题，合理的规章制度利于良好的文化价值观念和思想品德的规范化。而如何通过制度建设规范网络行为，保障高校网络管理工作有条不紊、有章可循，已成为促进网络文化的和谐发展的现实需求。通过网络文化制度对高校师生的网络行为进行有目的的约束和有方向的指引，不仅能够有效避免网络示范行为发生，净化网络环境，维护高校正常的网络秩序，也能提升高校网络管理工作的实效性，也能为高校校园网络文化的繁荣发展奠定坚实基础。

（二）构建科学合理的网络文化管理制度体系

高校网络文化建设是一项系统的、崭新的工程，需要积极建立健全集网络文化规范制度约束、网络技术规范与安全维护、行业自律、行政监督等为一体的网络文化管理体制和机制，实现对网络文化的监督职能、引导职能、规范职能、惩戒职能等，推动高校网络文化的健康发展。

加强网络文化规范制度建设。网络规范制度为防范和阻止网络失范行为、维护网络安全、保障网络文化健康发展提供了保障。高校应在跟踪网络文化最新动态的基础上，结合学校师生的价值取向和道德标准，立足国家网络文化建设的相关的法律法规，建立健全适应于学校实际的网络文化管理制度和规范措施，切实加强对网络文化生态的约束和治理。

强化网络技术规范与安全维护。网络文化是信息技术发展的产物，以技术控制技术，以技术手段监控网络是实现对网络有效管理的必然选择。网络技术规范对网络运行的程式、步骤等内容进行了明确规定，因而网络技术规范制度在防范网络文化的失范方面发挥着不可替代的作用。高校应充分发挥网络技术规范的优势，积极制定适用于学校的网络技术规范，开发并运用能够过滤不良信息、监控信息动态、防护网络安全的有关的技术，为高校网络文化的健康发展创造良好的条件。

建立网络的自律和他律机制。高校应把学校监管、网络负责人自律及公众监督有效结合起来,实现对网络有害信息的"查控""督导"和"过滤"。建立自查机制,在摸清学校各类网络媒体的基础上,明确各类网络应用的管理职责,要求网络责任人加强对所负责网络应用的监管、审核与维护,谨守法律的边界,谨守道德的底线。畅通信访举报渠道,发挥师生的主体作用,鼓励师生及时举报网上不良信息和违法犯罪活动,并通过学校有关部门加强督导整改,不断提升校园网络的"自我净化"功能。

建立齐抓共管的协同机制。高校网络文化管理制度的有效运行离不开高校各单位的协同参与,因此,应结合学校网络文化管理的中心任务,建立组织领导有力、各单位协同配合、师生广泛参与的网络文化管理机制,确保网络文化管理上下贯通、左右联动。

(三)强化网络文化制度执行

强化网络文化制度的执行是保障网络文化制度约束力与规范性的前提和关键,否则,网络文化制度就会成为一纸空文。

注重对网络文化制度的宣传教育。对网络文化制度进行全面、细致、深入的宣传教育,是增强师生对网络文化制度的认同感和执行意识的有效途径。要结合网络文化建设工作实际,有针对性地对网络文化制度进行解读,强化师生对网络文化制度的理解和认知,敦促师生将制度约束内化于心、外化于行。

加强网络文化制度贯彻落实的组织领导。高校应明确各级党委与行政部门对网络文化制度贯彻落实的领导责任,并将制度中规定的各项举措明确责任落实到具体的部门与负责人,切实保障网络文化制度的执行。对重要制度,要组织领导班子专题学习,以增强广大党员干部特别是领导干部执行制度的自觉性,一旦出现问题,要第一时间追责问责,并督导其认真整改,确保网络文化制度的刚性执行。

建立完善的监督和检查机制。建立完善的监督和检查机制是保障制度长期有力执行的必要环节，一旦缺乏相应的监督和检查机制，制度的约束作用就无法实现。因此，一方面，高校应建设一支专门的网络文化监督检查队伍，通过定期检查、随机抽查等方式，切实对高校网络文化的内容动态监控，及时监督，一旦发现问题，第一时间向相应的单位反馈，切实增强网络文化制度的约束力。另一方面，高校要依托纪律处分、外界舆论的力量的外部强制措施，有效敦促相关网络应用的负责人严格按照高校网络文化制度的要求自我约束，真正打造绿色、有序的网络空间。

（四）构建科学合理的网络舆论引导体系

互联网的出现不仅改变了传统的媒介格局，也消平了传播的"门槛"，信息的发布变得更加容易，信息传播呈现快速、多向、高频等特征，网络管理者很难对网上的言论逐一进行复查和考据。学者陈树春、王大鹏（2008）认为，高校网络舆论的形成一般有三个阶段，即个人意见—聚合放大—网络舆论。当网络舆论初见端倪时，如果没能及时做出有效引导，网络舆论很有可能会不断扩大和膨胀，并朝着不可控制的方向发展。校园网络文化建设的最终目的是以网络文化活动为载体，用先进的理论和知识实现对大学生的影响和塑造。要实现校园网络文化的这些育人功能，还要积极构建科学、完善的网络舆论引导体系。大学生正处于人生观、世界观和价值观形成的关键时期，非理性、过激和情绪化的行为仍然常见，做好舆论引导工作，直接关系着大学的发展和和谐校园的建设，也关系着高校的人才培养质量。

加大对高校网络信息的监测力度。在网络时代，要想避免或减少有害信息的传播，除了依靠传统的行政管理为主的控制手段，还应依托信息技术加大对高校网络信息的监控力度，依托网络爬虫技术精准地选择抓取与学校舆情相关的网页信息，并形成预警机制，做到网络舆情尽早发现，及时处理，抢占网络舆情应对的先机，保障校园网络文化的管理者能够站在网络舆情应对的制高点来防止和剔除有害的信息，保证高校网络文化的稳定和发展。

提升网络舆论引导队伍的专业化水平。一方面，高校可以依托宣传部门建立、培养出一支有一定理论功底、有较高政治素质、有较好的信息网络技术水平、能够熟练地驾驭网络并具备快速反应能力的网络舆情引导队伍。通过举办网络舆情相关的专题培训，提升网络舆情队伍甄别、收集、整理与回复网络舆论的水平，使团队成员能够契合相关热点问题或主动设置议题及时发声，引导高校师生的舆论方向，营造风清气正的校园网络文化氛围。另一方面，高校网络"草根"中崛起的"意见领袖"，对校园网络文化建设有着举足轻重的影响力，我们可以充分发挥这些意见领袖的引导作用，尽可能地对师生进行积极引导。

加强舆情研判及处置工作。在舆情研判与处置工作中，要立足师生需求，坚持以人为本的原则，及时把握舆情的特点，主动出击，正面回应，牢牢占据主动权。要及时分析高校网络舆论动态，通过对网络舆情的分析后，要尽早做好舆情的分类与研判，思考舆情的类型、发展趋势、应对策略。对于提出意见或建议类的舆论，可以向上级领导汇报后，协同有关部门及时做好充分的解释说明工作，把事情讲清楚、说明白。对于咨询类的舆情，可以联系有关部门求证后，结合师生的其实需求尽快给出回复。对于有害舆论，需要尽快搜集相关舆情信息，并上报给有关部门，经研讨后及时处置，涉及危害国家或违反法律法规的，需要与公安部门及时联系。

高校师生具有较高的网络素养,但也存在着一些不适应的问题。要加强师生网络素养宣传教育、网络心理健康教育。要通过发挥课堂主渠道作用、构建健康和谐的网络文化体系、加强对网络信息的监控和管理等方式,全方位提升高校师生的网络素养。

第六章 高校师生网络素养的提高

当前我国网民数量庞大。根据中国互联网络信息中心发布的第41次《中国互联网络发展状况统计报告》显示，截至2017年12月，中国网民数量已达7.72亿，其中20-29岁年龄段网民占比最高，达30%。而高校作为人才培养和科学研究的主要阵地，提高师生的网络素养对于提升网民整体素养至关重要。

目前，针对高校师生网络素养教育的研究依旧处于起步阶段，高校师生能够利用网络汲取知识、甄别信息、对网络突发事件做出理性反应。他们具备较高的网络素养，但也存在网络使用效率低、理性分析能力尚有欠缺、安全意识缺位、法律知识单薄的劣势。要通过发挥课堂主渠道作用、构建健康和谐的网络文化体系、加强对网络信息的监控和管理等方式，全方位提升高校师生的网络素养。

一、有关概念及工作目标

信息化时代，网络素养作为人们如何利用网络传播与获取有效信息的重要判断标准，成为日益重要的研究焦点，目前国内针对该领域的研究起步较晚。在中国网民群体构成中，年轻人群体占比最高，而聚集了广大青年学子的高校，作为人才培养和科学研究的主要阵地，其师生网络素养的提升与培养显得尤为重要，相关研究与关注不够全面深入的问题尤为突出。着力提高师生网络素养的意义在于，能够帮助他们提升利用网络学习的能力、网络信息甄别能力以及在面对网络事件时做出理性判断。

（一）概念的界定

网络素养的概念来源于"媒介素养"的范畴。现代社会当网络成为一种新兴媒体之后，人们如何应用这一媒介平台进行信息交换成为新的课题，而针对"网络素养"的研究正处于跟随实际发展的起步程度。

在国外的众多学者与研究中，美国学者麦克·库劳于1994年首次对网络素养（Network Literacy）的概念进行界定。他认为网络素养包括网络知识与网络技能两个层面，是指"人们可以充分、合理地利用检索工具获取有价值的网络信息和资源，并且能够对所得信息进行筛选、加工的能力"[1]。国内相关研究起步相对较晚，卜卫于1997年发表的《论媒介教育的意义、内容和方法》[2] 一文中梳理了媒介教育这一概念在西方国家的发展过程，在此基础上，发表《媒介教育与网络素养教育》一文，丰富了网络素养教育的目标和作用[3]。国内学者在此基础上，依据研究领域与研究目的，多将网络素养概念进行细化，常见的分类例如，蒋宏大在归结美国学者的研究成果之后，将网络素养划分为网络媒介认知素养、网络媒介甄别素养、网络道德法律素养、网络安全素养、网络行为自我管理素养

---

[1] Mc Clure C. Charles R. Network Literacy: A Role for Libraries [J]. Information Technology & Libraries, 1994 (2).
[2] 卜卫. 论媒介教育的意义、内容和方法 [J]. 现代传播. 1997 (2): 29–33.
[3] 卜卫. 媒介教育与网络素养教育 [J]. 家庭教育. 2002 (11): 16–17.

和网络发展创新素养六个方面内容①。

(二) 提高师生网络素养的重要性

根据 CNNIC 发布的第 41 次《中国互联网络发展状况统计报告》显示，截至 2017 年 12 月，我国网民规模达到 7.72 亿，而 20－29 岁年龄段的青年群体占比最高，约为 30%②。高校作为人才培养和科学研究的主要阵地，提高师生的网络素养对于提升网民整体素养至关重要。而目前，针对高校师生网络素养教育的研究依旧处于起步阶段，多为针对局部范围、特定群体的问卷调查，研究成果不具备可推广性，缺乏系统的理论支撑，在具体研究过程中，内容比较分散，方式较为单一，尚未建立相对系统并得到公认的网络素养教育理论。

高校教师是教育的引导者和知识的传递者。提升网络素养，一方面有利于高校教师利用网络平台及时更新授课内容与授课方式，补充最新的学科前沿成果，利用网络平台特别是新媒体平台与学生形成互动式教学，优化教学效果。另一方面，高校教师提升自身对网络信息的鉴别能力、理性看待网络事件，才能够更好地做到言传身教，引导广大学生正确认识网络、利用网络。而目前，网络素养研究呈现单向性，研究对象集中于学生，而对于教师关注很少。对于高校教师网络素养的忽视，使得当前大多数教师并未认识到，网络素养同科研能力、教学水平一样，应该成为高校教师学者的必备素养。

---

① 蒋宏大. 大学生网络媒介素养现状及对策分析 [J]. 中国成人教育. 2007 (19)：52－53.
② 国家互联网信息办公室. 中国互联网络发展状况统计报告 [EB/OL]. http://www.cac.gov.cn/2018－01/31/c_1122347026.htm

大学生作为青年团体的主力军，是中国网民最活跃的群体。如何提升大学生群体的网络素养、更好地利用网络平台是高等教育的重要课题。网络已经渗透到高校生活的方方面面，而网络信息具有开放性、密集性、全面性、虚拟性的特点，信息泛滥、良莠不齐。大学生自身正处在学习成长的阶段，甄别真伪、筛选有效信息的能力尚未完全成熟；同时，作为青年的大学生群体，思维活跃、接受新事物的能力较强，更容易参与到网络热点事件的传播与讨论当中，如不加以理性引导极易激化群体矛盾。因而引导大学生提升网络素养，有效利用网络平台、理性发声显得尤为重要。

（三）提高师生网络素养的工作目标

网络素养的提升，是要实现网络媒介认知素养、网络媒介甄别素养、网络道德法律素养、网络安全素养、网络行为自我管理素养和网络发展创新素养全面提升。提高师生的网络素养一方面是为了让广大师生能够正确认识和合理利用网络；另一方面，引导广大师生增强网络生活中的道德观念、法律意识和社会责任感，为营造风清气正的网络环境贡献力量。

首先，提高网络素养，提升利用网络学习的能力，使广大师生善于利用网络平台汲取知识、转变学习方式。尤其是自媒体时代拓宽了信息来源与渠道，更需要提升高校师生的网络素养，通过网络平台获取更多对自身发展有利的信息；在此基础上，作为高级知识分子，能够逐步为网络平台提供更多有价值的、正面积极的知识讯息。

其次，提高网络素养，提升网络信息甄别能力，使高校师生能够判别网络信息的真假。在信息爆炸的今天，高校师生可以在海量的网络信息中去伪存真，以及能够提供有价值的知识与讯息。

再次，提高网络素养，做出对网络事件的理性判断，使高校师生在面对网络热点事件时，不轻易被煽动，不随波逐流。高校教师可以正确地引导学生去浊扬清，大学生群体能够自觉抵制网络上的不良情绪，不被负面观点利用，并且能够主动发声，进行舆论引导。

目前，针对高等教育中提升师生网络素养的研究总体较少，需要通过研究丰富理论支撑指导实践，最终将网络素养教育纳入高等教育，成为高校课堂的重点内容。

二、高校师生网络素养的现状分析

目前，高校师生网络素养现状总体呈现积极态势。从外部环境看，各类网络平台、软件的出现与普及使高校师生有了新的学习平台，知识获取、交流研讨呈现了新的互动化、多元化形式；高校师生善于利用网络主动学习，并能够甄别多数信息的真伪，在此基础上做出相应的判断与选择。但同时我们也应该看到，网络改变了日常生活，时间与信息的碎片化不可避免的干扰了师生对有效信息的获取，从而影响着接受处理信息的理性与正确性，安全意识与法律意识的缺失等问题依旧存在。因而，辩证地厘清高校师生网络素养的积极与消极方面，才能更好地探索有效的提升路径。

（一）高校师生网络素养的积极方面

当前，高校师生在网络素养方面存在的积极因素主要表现有三。

1. 善于利用网络信息主动学习

随着信息时代的来临，高校师生的学习、工作与生活也逐渐离不开网络，同时得益于良好的教育背景，这一群体在利用网络进行学习时具备一定的网络素养。

从主体层面来看，网络日渐成为高校师生学习知识、交流信息的主要工具。一方面，目前大多高校教师从网络平台上获取最新的学科前沿、最鲜活的教学案例，不断更新自己的教学内容已经成为常态，教案教材万古不变、照本宣科的现象已经少见；另一方面，大学生也逐渐利用网络学习课堂之外、课本之外的知识，除了理论学习，网络平台尤其是新媒体平台还为大学生提供了广阔的实践空间，利用网络扩大人际交往范围、寻求实习实践机会、娱乐购物便捷生活都证明了大学生具备一定的网络素养，可以利用网络平台寻求有利于自身的信息、丰富自己的生活。

从外部环境来看，配合高校师生网络素养的提升，各种网络学习平台、软件不断建立普及，例如网上课堂、网上教学平台、慕课（Moocs）、网上公开课等平台项目，让高校师生利用网络进行知识教授成为可能。课堂有了多样形式，不再拘泥于特定时间特定教室之中；师生逐渐习惯于更加便捷的网上互动，并且善于利用更多诸如微博、微信、直播平台等软件，向更多专家学者、专业人士发起问询交流。目前网络平台的软硬件学习资源不断适配高校师生的网络素养。

2. 对网络信息具有一定甄别能力

除了利用网络获取知识，在信息泛滥的当下，甄别网络信息也是必不可少的素养之一。目前，相较于其他社会群体，高校师生所具备的网络信息甄别能力相对较高。

一方面，已有的校园调查和多项研究结果表明，在网络这一虚拟空间中，高校师生群体对于个人隐私以及个人信息安全的保护意识正在逐步提升。在网络用户注册、填写信息、设定密码等环节具有较高的警惕意识，能够有意识的避开木马程序、钓鱼网站、谣言虚假信息等。

另一方面，受益于较高的知识文化水平，目前高校师生能够较为轻易地鉴别出网络上充斥的低级庸俗内容、"伪科学"等不良信息以及模糊是非的价值判断等。近年来，高校师生利用自身网络素养以及科学文化知识，破解了许多虚假信息。每年9月的网络安全宣传周越来越受到高校重视，以此为契机，高校会以联合签名、讲座宣讲等线上线下各种形式推广网络安全概念，提升师生网络素养。

3. 对网络事件能够做出理性选择

目前，高校师生群体尤其是大学生群体容易成为网络热点事件的主要舆论参与者，面对国内外社会热点事件发表自己的看法。诸如前几年著名的"帝吧出征"事件，就是以年轻的学生青年为主体，以翻墙到Facebook的方式表达对"一个中国"立场的拥护，先不说其采用方式的合理性，但从初衷和效果上看，体现了当代年轻人利用网络表达自己合理诉求的素养。

目前，高校师生群体对网络事件的反应，不论是积极主动的参与感，还是发表观点的理性尺度，从主流上都保持着良好状态，体现了一定的网络道德素养。当下，小到高校生活的点滴，大到国家热点如党的十九大召开、"一带一路"建设，乃至国际大事如美国大选、APEC峰会，多数高校师生都能通过个人自媒体或是高校官方媒体渠道参与到讨论当中，表达积极向上观点的同时，也能自觉抵制反对不良言论的产生。

（二）高校师生网络素养有待继续增强

虽然高校师生目前在学习、工作以及生活各方面都离不开网络，但是师生的网络素养依旧存在薄弱环节需要加以重视与弥补，主要集中于以下几方面。

1. 网络应用能力尚有提高空间

高校师生虽然具备一定的网络应用素养，能够正确的运用网络为自我发展服务，但就实际情况来看，部分高校师生除了以学习科研为目的使用网络平台之外，更多的上网时间消耗在聊天、购物、看剧、游戏等娱乐活动当中，休闲消遣成为主要功能。这也反映出，部分高校师生网络应用素养目的性与针对性并不强。目前网络信息的碎片化同样制约了高校师生网络素养的提升。每天，微博、微信、豆瓣、知乎等高校普及率较高的网络平台会带来大量碎片化信息，改变了高校师生的阅读习惯。大量本应用于搜索相关信息的时间和精力，无意中被海量的信息、发散的网络链接占用，造成了对有用信息的阅读学习时间减少，实际的网络学习注意力分散、效率低下。

不仅如此，作为高等教育的参与者与受教者，高校师生向网络媒体提供自身掌握的文化知识、有效讯息就更少。例如，更多老师和学生习惯于在网上检索、收集相关的论文与课件，作为高层次知识人才，却很少有人习惯于将自己的成果通过合适渠道上传到网络，扩充有益的学习资源。网络应用素养低也造成了网络讯息单向度的程度依旧较高。

从更长远的角度来看，目前高校关于网络素养的探讨与教育依旧停留在理论层面，而网络素养完全可以成为一种实践能力，被更多高校师生所接纳与重视，并通过实习实践教学，真正地将网络素养与有效利用网络平台作为重要课题和教学内容。

2. 理性分析能力仍有欠缺

目前，网络成为高校师生学习、生活和工作不可缺少的一部分。同时，出于对网络的认识和理解不全面、不理性，部分师生依旧缺乏批判性思维，导致网络信息甄别能力缺失。在重大网络事件面前，容易被煽动，成为虚假不良信息传播扩散的枪手和棋子。

网络平台的出现，给人一种坐拥全世界的错觉，虽然它便利了广大网民获取来自世界各地讯息的途径。但媒介永远不能等同于现实，网络上的讯息都是经过加工处理，不可避免带有发布人的主观感情色彩与目的性。而高校师生群体，尤其是大学生群体，价值观还没有完全成熟，但社会参与感极高、个人情感色彩极为鲜明；基于此，这一群体容易被煽动，在难以分辨信息真伪或是被不法分子恶意利用的情况下，极易引发激烈的社会矛盾。对于高校而言，各大校园论坛经常会出现指责学校各方面问题的内容，例如饭菜、住宿条件、课程考试设置等日常事宜，这类指责学校的发帖一般只会引来更多同学的转发和继续"口诛笔伐"，引起群情激奋，在没有学校或者其他群体的干预下，很难自发形成诸如向学校有关部门反映、验证事件真实度等正确舆论导向，难以自动平息、化解矛盾。

3. 网络安全保护意识薄弱

随着对网络使用的深入，网络安全素养日渐成为一种不可或缺的素质。随着多年的教育宣传，高校师生虽然具备一定的网络安全意识，但面对飞速发展的技术手段，依旧存在网络安全意识的觉醒追赶不上新型网络骗局发展的现象。

首先，部分大学生依旧没有养成良好的上网习惯，病毒、木马、钓鱼软件依旧大行其道。其次，新型网络骗局无孔不入，尤其是涉及钱财、网上交易的项目更是"重灾区"，比如，网络众筹项目的普及，让"罗一笑"事件和其他博得同情骗取钱财的事件时有发生，而这些消息的最高转发恰恰来自高校师生。再比如，校园信贷平台就是通过网络给大学生设置信贷圈套，网络安全意识缺失的大学生最终倾家荡产、走投无路。

网络空间是虚拟的，部分高校师生网络意识薄弱，轻易将自己的个人信息与隐私发布于自媒体等平台上，过多暴露真实信息，为现实生活带来安全隐患，容易受到不法分子的侵害。这也表明，部分高校师生对网络不良信息的警惕性依旧不够。

4. 道德法律意识较为淡薄

网络道德法律素养也是高校师生网络生活中不可或缺的部分。网络世界自身具备较强的隐蔽性。因此，在现实中大多数人可以遵守道德标准和法律规范，而网络环境却"削弱"了道德、法律对网民实际行为的约束。这一问题在高校师生群体中也同样存在，部分高校师生网络道德缺失和法律意识淡薄。例如，在游戏、微博平台中出言不逊、对别人造成人身攻击，或是利用自身的网络技能对他人进行"人肉搜索"，这都是高校常见的网络暴力事件。在法律观念方面形势更为严峻，高校师生群体因为有着较高的文化知识水平，也更容易出现抄袭论文、剽窃他人研究成果、损害他人利益甚至危害社会的行为。不仅如此，高校师生更容易被利用成为黑客，制造病毒，传播虚假和欺诈信息。因此，高校师生的网络道德与法律意识亟待提升。

三、高校师生网络素养的提升路径

高校师生网络素养的提升，离不开课堂的作用，除了将网络素养教育与思想政治理论课结合、加强教师队伍建设外，不少高校还结合互动直播、举办网络文化节、成立网络文化工作室等新形式全方位营造网络素养教育氛围。此外，面对高校师生网络安全意识略显单薄和网络舆情具有不确定性的现状，构建完善的校园网络安全体系、落实校园网络舆情应对机制是重要支撑。

(一) 以教育引导为核心，发挥课堂主渠道作用

"接地气"的思想政治理论课与让师生"喜闻乐见"的实践教育，加之提升教师队伍网络素养的"三管齐下"，对打造有意义、有时效的网络素养教育平台有重要作用。

1. 加强教学引导，将网络素养教育和思想政治理论课结合

培养人才是高等教育的基本职能，发挥高校主体作用，把网络素养教育融入日常教学工作中，是最直接有效的方式。一些发达国家早已将网络素养教育作为一门课程，列入人才培养方案，效果很好。我们可以借鉴国外好的、适合国情的做法，根据各学校情况，注重课程的渗透。条件允许的学校可以设置网络素养必修课，如果条件不允许，可以列入全校公共选修课范围中，或者通过网络进行学习，使之纳入大学生通识教育体系。

利用"两课"阵地，将网络素养教育内容渗透在"形势与政策教育"授课内容中，告诉大学生如何正确使用网络，形成正确的网络道德观念，提高大学生网络道德意识，传授网络法律常识，提高他们对网络海量信息的分析能力，抵制网络负面影响的侵害，树立正确的网络观和媒体观，从而提高他们的网络素养。同时，当社会上出现重大网络事件，如发生重大网络谣言、典型网络诈骗、网络热点话题时，学校可临时增加课程，对有必要的问题和热点进行阐述和解读，有针对性地进行网络教育。

在大学生《思想道德修养和法律基础》教材第五章中，专门编写"网络生活中的道德要求"内容。一些高校近年来在教学中，不断创新教学方式，丰富教学内容，激发学生的学习热情。在讲述这门课程时，除了教材内容以外，复旦大学采用跨校直播互动的形式开讲，让专业领域大家名师参与进来，分享理想信念和价值追求，

讲述自媒体时代应该具备什么样的网络道德,如何分析应对网络流言。课堂上既有理论支撑,又结合新形势,融入大量真实案例,引导同学们深入思考。在复旦大学针对这门课的新近调查中,82.4%的学生认为这一新形式提高了自身学习能力。除此之外,该校面向全校学生开设了公共选修课《新闻媒介与社会》,其特点在于从媒介与社会的互动关系入手培养大学生对媒介的理性分析能力。此外,还有一些高校组织专门力量编写了《网络道德》等网络素养教育方面的书籍,并将其纳入大学生思想品德课的重要一环。

2. 注重实践指导,搭建各种网络素养教育平台

除了课堂教育,学校还应充分利用"第二课堂"等教育平台,全方位营造网络素养教育文化氛围。高校学生社团和校园文化活动,是进行网络素养教育的有利契机,学校要充分把握机会,借助这两大载体开展各种校园活动,鼓励引导广大青年积极参与网络文化活动,传播网络正能量,争做校园好网民。如网络知识竞赛、网文作品征集、网络好声音评选,传递青春正能量,大兴网络文明之风。

郑州大学团委连续多年举办网络文化节,开辟了网络文化知识和学生网络素养教育"第二课堂"。网络文化节结合了学校自身特点开展丰富多彩的网络嘉年华活动,分为"体验课""教育课""实践课"和"思想课"。"体验课"结合了当下学生喜爱的cosplay、校园寻宝、网络游戏畅玩等多种形式,让参与的同学仿佛置身于网络的海洋之中;"教育课"则结合学校心理学专业,开设"趣味心理图片赏析",图解网络心理测试,向同学们普及"网购十大骗局、八大陷阱";"实践课"为众多技术宅提供实践锻炼平台,开展校园DV大赛、摄影大赛、电子竞技大赛等,生动的活动吸引众多学生参加;校团委学生工作干部和相关专业教师在"思政课"上与同学们交流

互动，以生动的形式引导同学们正确应用网络，增强自制能力，合理安排时间，引导学生自觉遵守网络秩序道德，掌握网络技术知识，促使网络文化更活跃、更健康。

全国多所高校通过搭建各种平台，提高师生网络素养。北京大学成立了青年网络发展协会和新青年网络文化工作室，提出青年网络文明观、青年网络教育观和青年网络人生观。自2014年起，他们连续四年在"双十一"前夜向全校师生发出倡议，积极践行正确的网络青年观，通过互联网手段讲好北大故事和中国故事。通过这种形式，激发了大学生自主建设和自我教育的主体能动性，在校园网络空间中形成向上向善的良好氛围，进一步实现全环境育人的教育效果。

3. 提升队伍素质，加强网络师资建设

教师是担任教学活动的主体，但从我国当前高校开展网络素养教育现状来看，普遍缺乏专业网络素养教师队伍，已成为各高校共性问题。因此，高校要重视网络素养教育师资队伍的建设，加大内部培训和外部引进力度。引进传播学等相关方向的专业教师从事专项教学工作，也可以从学校思想政治课教师、网络安全与技术专业教师和学生辅导员中遴选，通过专业培训后，走上网络素养教育工作岗位。进一步完善职称评审和考核评价工作，在政策上给予支持，可以专门设置评审工作组织，实行单列指标，单独评审。

与此同时，高校应加大力度提高教师和行政教辅人员的网络素养。学校要积极构建适合教师的网络素养教育内容，将网络素养教育纳入教师培训计划，促进教师不断更新教育观念，改进教学方法和手段，以便适应互联网快速发展和学生的需要。

北京交通大学教师发展中心根据学校专业技术职务晋升评聘工

作要求，制定《教师职务晋升培训管理办法》，从制度层面设计系统全面的教学理念和方法，将教师网络素养教育纳入培训计划中。如举办"慕课的设计与制作"工作坊和"智慧教室教学应用"专题培训，向教师们介绍了智慧教室的主要功能、智慧教室教学应用的技术介绍及实际教学演练，促进老师利用先进技术手段完善教学。此外，加强高校数字图书馆和人才队伍的建设工作，也是提高大学师生网络素养的重要途径之一。

（二）以队伍为依托，构建健康和谐的校园网络文化体系

高校在新媒体语境下，不断创新网络素养宣传教育方式，关注网络安全教育及师生网络心理健康教育。同时积极地利用校园新媒体平台传播社会主义核心价值观，着力打造一支"靠得住"的网络安全员队伍。

1. 加强师生网络素养宣传教育

结合互联网特征，确保教学方式因时因势而变，加强教育和引导，提升大学生的网络素养。网络和新媒体技术的发展日益与大学生的学习、日常生活密不可分，作为大学生获取信息的主要渠道，各大高校应当重视对大学生网络素养的培养，并将其纳入教学课程范畴。首先，高校可以灵活借助大学生使用频度较高的软件、App开展"网络安全""网络盗版"等相关教育，引起大学生对此类现象的重视；其次，除去"硬件"的创新，高校应当注重"软件"的更迭，针对当代大学生追求个性化、自由化发展的趋向，宣传教育形式应当贴近学生，采取大学生喜闻乐见的方式，例如发起微博话题、开发网络益智游戏，真正做到寓教于乐；最后，各大高校与相关教育机构之间应当达成常态化合作，定期交流网络素养宣传教育的新体悟、新理念，并积极探寻加强网络素养宣传教育的最优方式，

开发有益课程。

宣传普及网络安全教育，增强大学生的网络安全防范意识和技能。为了能使网络安全教育落到实处，各大高校应当在相关部门的帮助下，切实建立专业的网络安全队伍：既可以提高在校大学生的网络安全意识，规范网络使用行为，又能解决大学生保护隐私、财产安全等实际诉求。高校可以启动专项行动促进网络安全知识的普及。2017年9月，北京交通大学开展了主题为"网络安全为人民、网络安全靠人民"的网络安全系列活动，线上信息门户和学校官方微信开设专题栏目"国家网络安全周"，为师生提供网络安全知识学习素材和案例视频，线下放置宣传展板、发放宣传资料，开展学生讲座，进一步增强了全校师生的网络安全意识和文明上网意识。

2. 加强师生网络心理健康教育

"互联网+"的背景不仅存在因受教育者更具个性化带来的困扰，也为高校师生网络心理健康教育带来了新思路和新内容，这既是机遇，也是挑战。

创建大学生网络心理健康教育协调互助机制，加强相应队伍建设。成立协调中心部门，为建立师生网络心理健康教育机制提供组织基础，加强各个思想政治教育主体部门之间的配合，建立一支有责任、有耐心的师资队伍。随着融媒体的发展，网络信息的传播速度越来越快，质量也愈发良莠不齐，协调中心部门应当实时监测师生网络言行和心理状况，及时发现问题。创建师生网络心理健康教育工作室或相关团队，高校师生在自身心理障碍和心理困境时，不仅需要自身努力克服，更需要他人的人文关怀。高校相关团队应当定期举行在线心理测试，开展线下一对一交流沟通，及时疏导师生心理障碍。

把握网络动向，强化师生网络心理健康教育监管保障的机制。高校应当强化网络监督机制，为师生营造良好的网络信息氛围，通过舆情监控，及时发现师生心理异常情况并制止负面信息的传播；高校二级单位（学院）应当建立完备的师生网络心理健康教育保障机制，设立相关岗位，引进专业化人才，发展多个互动咨询平台。

3. 加强校园网络媒体平台建设

微博、微信等新媒体已经是国内大学生普遍应用的社交平台，超过九成的大学生使用微博、微信浏览新闻动态、发表观点言论，新媒体平台逐渐取代了校报、校园广播，成为宣传校园文化的主力军，并将校园文化的发展推向新的纬度和高度。人才队伍建设、经费支持、政治立场与理念的培训，是校园网络媒体平台建设的必要条件。

北京交通大学充分利用新媒体宣传和建设校园文化，并通过报道校园典型人物传播社会主义核心价值观，树立了一批交大榜样。采取品牌化运营策略，坚持立足学校、贴近师生，注重挖掘新媒体传播规律和平台育人功能，打造了一系列优秀的新媒体宣传文化作品。

4. 加强师生网络宣传员队伍建设

2016年12月7日至8日在北京召开的全国高校思想政治工作会议上，习近平总书记提出：要运用新媒体新技术使工作活起来，推动思想政治工作传统优势同信息技术高度融合，增强时代感和吸引力。新媒体的兴起对高校思想政治教育带来了新的挑战和机遇。教育和引导大学生正确运用新媒体技术，对传播校园正能量、引导积极舆论、巩固思想阵地有着十分重要的意义。与此同时，打造一支高水平的高校青年骨干教师网络宣传员队伍的任务迫在眉睫，主要可从以下几个方面开展工作。

提供必要支持，打造专业化运营团队。高校要在岗位设置、人员配备、经费落实等方面，为网络宣传员队伍提供更牢固的保障。积极引进优秀青年人才充实队伍，并开展定期培训和相关考核；同时积极发展优秀学生干部骨干进入运营团队。

坚定政治立场，打造服务型运营团队。针对90后在校群体的特点，高校网络宣传员应当站在平等的立场与之进行沟通。在坚定政治观念的前提下，创新宣传思想和传播手段，以高校师生喜闻乐见的方式产出好作品。

合理安排计划，打造创新型运营团队。高校网络宣传员要积极培养"策划"意识，围绕深度选题、突发事件、时事热点建立报道模式。通过前期策划，团队打磨，能够争取拓宽信息的广度和深度，形成独家推文信息。

（三）以先进技术手段为支撑，加强对网络信息的监控和管理

校园网络安全与校园网络舆情是网络信息监控和管理的重点，加强对网络信息的监控和管理，对高校师生网络素养的提升有重要作用。

1. 构建完善校园网络安全体系

高校的网络安全是一个复杂的系统，因此需要综合利用不同网络安全技术，建设网络安全体系，完善设备平台、管理平台和行政服务平台等。利用高校专业特色和资源优势，加强网络信息技术研发，重视管理在安全体系中所发挥的巨大作用，完善管理制度，加强师生网络安全教育，保障校园网络健康有序。

2. 完善落实校园网络舆情应对机制

随着互联网的快速发展,许多政府部门和企业已采用专业的网络舆情监测系统,高校也需要利用这种专业技术手段进行舆论监测。同时注重网络舆情的引导策略,建立高素质舆情工作队伍,健全网络舆情应对机制,打好高校网络舆情应对主动仗。

高校网络平台的安全是建设网络强国的重要内容。高校网络平台的安全包括物理安全、网络结构安全、系统安全、管理服务安全等。要进行时时检测，形成站点检测和站点安全"治疗"全程化，为发现站点安全问题和解决问题提供保障，从而确保高校网络平台的安全。

第七章　高校网络平台的安全

高校网络平台的安全是建设网络强国的一部分。高校网络平台的安全涉及：国家根本制度安全——这是保障国家社会稳定与发展的基石；意识形态安全——这是一个国家占统治地位的思想政治意识不受威胁与侵害，能够稳定存在和健康发展的基石。习近平总书记在"8.19"重要讲话中指出，互联网已经成为舆论斗争的主战场。那么，在这个战场上，我们能否顶得住、打得赢，直接关系到我国意识形态安全和政权安全；价值观念安全——这是一个国家的核心价值观念能在社会和公民中得以延续和发展的基石；优秀传统文化安全——任何国家和民族的文化传统和特性，都积淀在该国、该民族的骨骼里，奔腾在该国、该民族的血液里。因此，要正确处理好指导思想一元化与网络文化上的多层次、多成分、多样化发展格局的关系。

互联网是继领土、领海、领空之后的"第四战场"。美国政治学者安德鲁·查德威克认为，互联网已经成为"西方价值观出口到全世界的终端工具"。早在1946年，美国乔治·凯南第一次提出要对社会主义国家进行和平演变的初步构想。1953年，和平演变成为美国重要的国家战略。习近平总书记多次强调，如果我们党过不了互联网等新兴媒体这一关，可能就过不了长期执政这一关。互联网的裂变式发展，新媒体的广泛应用，正在重塑媒体格局和舆论生态。网络平台的安全，就是保证如何有效地进行介入控制，如何保证数据传输的安全运转，主要包括物理安全、网络结构安全、系统安全、管理服务安全等等。而要保证网络平台的安全，则必须进行时时检测，比如站点系统漏洞检测、站点网页挂马监测、Web应用安全检测、不良信息检测和网页质量监测等，形成站点检测和站点安全"治疗"全程化，为发现站点安全问题和解决问题提供保障，从而构建和谐网络文化，净化网络空间。

中国互联网络信息中心（CNNIC）2018年1月31日在京发布的第四十一次《中国互联网络发展状况统计报告》（以下简称为《报告》）显示，截至2017年12月，我国网民规模达7.72亿，普及率达到55.8%，超过全球平均水平4.1个百分点，超过亚洲平均水平9.1个百分点。其中，手机网民占97.5%。《报告》显示，截至2017年12月，我国手机网民规模达7.53亿，网民中使用手机上网人群的占比由2016年的95.1%提升至97.5%。

网络已成为现代社会生活的重要平台，成为高校大学生的一个电子器官，直接与高校的网络安全密不可分。但是，目前网络文明建设在道德教育、制度规范、技术手段等方面都存在或多或少的问题。必须以积极的态度、创新的精神，从建设社会主义先进文化、培养社会主义建设者和接班人的战略高度，从实现人的全面发展的战略高度，大力推进网络文明建设，切实把互联网建设好、利用好、管理好。

一、互联网的前世与今生

（一）互联网发展的历程

1. 缘起美国。互联网缘起冷战时期的 1968 年。当时美国国防部高级研究计划局组建了一个计算机网，名为 ARPANET。1969 年，"阿帕"网第一期投入使用。1971 年是拓展应用时期，雷·汤姆林森开发出了电子邮件。此后 ARPANET 的技术开始向大学等研究机构普及。1973 年走向世界。"阿帕"网跨越大西洋利用卫星技术与英国、挪威实现连接，扩展到了世界范围。1991 年，正式成为互联网。提姆·伯纳斯李开发出了万维网（World Wide Web）。他还开发出了极其简单的浏览器。此后互联网开始向社会大众普及。1993 年，互联网全面普及。马克·安德里森等人开发出了真正的浏览器"Mosaic"。此后互联网开始得以迅速普及。

2. 中国互联网的兴起与发展。1994 年，中国开启互联网时代。1997 年，新浪、网易和搜狐三大门户网站先后创立；1999 年，第一个即时聊天软件 OICQ 出现；2003 年，阿里巴巴集团投资创办淘宝；2011 年，移动互联网风起云涌；2014 年，首届世界互联网大会在中国千年古镇乌镇召开。

（二）国内网络平台安全现状

1. 中国互联网发展的治理

2014 年，中央网络安全和信息化领导小组成立。2015 年，党的十八届五中全会召开，通过"十三五"规划，提出努力把我国建设成为网络强国的战略目标，要求把建设网络强国的战略部署与"两个一百年"奋斗目标同步推进。从而，按下了网络强国"快车键"。

2. 网络大国的拥有

中国这个网络大国有多大？目前，中国网络基础设施规模世界第一、宽带用户数世界第一、移动宽带覆盖率世界第一、网民数量世界第一。截至2016年6月，中国域名总数为3698万个，其中".cn"域名总数半年增长为19.2%，达到1950万个，在中国域名总数中占比为52.7%。中国网站总数为454万个，半年增长7.4%；".cn"下网站数为212万个。中国IPv4地址数量为3.38亿个（全球IPv4地址数已于2011年2月分配完毕，自2011年开始中国IPv4地址总数基本维持不变，截至2016年6月，共计有33761万个），拥有IPv6地址20781块/32；国际出口带宽为6220764 Mbps，半年增长率为15.4%。

3. 国内具有特色的网络平台

截至2017年12月，我国网民规模达7.72亿，普及率达到55.8%，超过全球平均水平（51.7%）4.1个百分点。

截至2017年12月，我国搜索引擎用户规模达6.4亿，使用率为82.8%。用户规模较2016年底增加3718万，增长率为6.2%；手机搜索用户数达6.24亿，使用率为82.9%，用户规模较2016年底增加4887万，增长率为8.5%。

2015年9月S&P Capital IQ所发布的世界互联网企业TOP 20中，中国占据了六个席位，其中阿里巴巴、腾讯、百度和京东均名列前十。

之后还有网易、唯品会。说明中国企业在互联网服务业务上已处于领跑地位。

2017年阿里+京东"双十一"交易额达2953亿元，其中阿里1682亿元，京东1271亿元。（2016年，阿里1207亿）。根据中国电子商务研究中心数据,电子商务市场交易总额 2015 年已增加至 18.3 万亿,2016 年 22 万亿,2017 年 29.2 万亿。

4. 安全隐患

网络安全是基石。中国网络安全公司 360 旗下"天眼实验室"曾披露,一个名为"海莲花"的境外黑客组织自 2012 年 4 月起针对中国海事机构、海域建设部门、科研院所和航运企业不断展开精密组织的网络攻击。(来源:天眼实验室,APT OceanLotus 数字海洋的游历者持续三年的网络空间威胁)

(三) 国外网络安全平台研究现状

1. 美国的网络控制

美国是第一信息强国,握有互联网的核心技术和基础资源,掌控全球互联网的话语权与主导权。一个主根服务器和九个辅助根服务器在美国,控制着世界信息传播,引导舆论走向,利用互联网煽动东欧、北非等的"颜色革命"。并不断开辟新的渗透形式,从 2016 年起,改变 SAT 考试形式,侧重美国建国史、建国文献,将美国宪法和权利法案的章节纳入考试,这就意味着若干年内,数十万考生潜心研读独立宣言、权利法案,这就意味着美国人通过中国人最关心的一个考试来输出西方的价值观。最终构筑美国四片战略,用好莱坞大片进行文化输出;用麦当劳薯片进行经济输出;用美国芯片进行互联网的输出;用美国纸片进行考试卷输出。

2. 韩国的逆天网速

韩国是全球公认的互联网基础设施最完善的国家之一,拥有全球最令人羡慕的"逆天网速"。韩国网速是美国的 2 倍、中国的 6.5 倍。

3. 各国网络平台安全的举措

美国《加强网络安全法案》提出，制订计划方案并开展国家网络安全意识运动；提高公众对网络安全问题的关切和认识；告知政府在维护互联网安全和自由、保护公民隐私方面的作用；利用公共和私营部门手段向公众提供信息。

澳大利亚《国家电子安全章程》中提到，个人家庭、企业和政府共同纳入电子安全保障体系；通过推动政府、互联网服务商和网民三方共同参与网络治理，从而促进治理主体之间形成有效的协作制衡机制，同时也起到了防止治理权力过强和治理对象过弱的状况发生。

成立于21世纪伊始的"点滴自由"是荷兰最有影响力的网民权利组织。

2016年4月19日，习近平总书记在网络安全和信息化工作座谈会上的讲话中指出，"互联网核心技术是我们最大的'命门'，核心技术受制于人是我们最大的隐患。一个互联网企业即便规模再大、市值再高，如果核心元器件严重依赖外国，供应链的'命门'掌握在别人手里，那就好比在别人的墙基上砌房子，再大再漂亮也可能经不起风雨，甚至会不堪一击。我们要掌握我国互联网发展主动权，保障互联网安全、国家安全，就必须突破核心技术这个难题，争取在某些领域、某些方面实现'弯道超车'。"

4. 中国网络平台的安全举措

2015年7月4日，国务院下发了《关于积极推进"互联网+"行动的指导意见》，提出了11项重点行动；2015年7月18日，央行会同有关部门制定并发布了《关于促进互联网金融健康发展的指导意见》涉及互联网基础资源管理、信息传播规范、市场秩序规范、信息安全保障等的一系列法律法规相继出台；2016年7月27日，《国家信息化发展战略纲要》正式公布，明确了网络强国建设的"三步走"战略目标：2020年，核心关键技术部分领域达到国际先进水平；2025年，根本改变核心关键技术受制于人的局面；21世纪中叶网络强国地位日益巩固，在引领全球信息化发展方面有更大作为。

因为，没有核心技术，互联网就是易被窥视和打击的"玻璃网"，没有在网络空间国际战略和全球网络治理规则方面的主导权和话语权。针对国际互联网治理问题，习近平总书记表达了中国的声音。2014年7月在巴西国会演讲中说，要建立多边、民主、透明的国际互联网治理体系；2015年12月在第二届世界互联网大会开幕式上提出，尊重网络主权，维护和平安全，促进开放合作和构建良好秩序。

二、网络平台安全的管理

网络平台安全的管理是人们能够安全上网、绿色上网、健康上网的根本保证。做好高校网络安全必须要有一批精通网络安全的专家。

（一）网络安全设备

1. 虚拟网技术

虚拟网技术主要基于近年发展的局域网交换技术（ATM和以太网交换）。交换技术将传统的基于广播的局域网技术发展为面向连接的技术。因此，网管系统有能力限制局域网通信的范围而无须通过开销很大的路由器。

2. 防火墙技术

防火墙（Firewall），也称防护墙，是由 Check Point 创立者 Gil Shwed 于 1993 年发明并引入国际互联网。它是一种位于内部网络与外部网络之间的网络安全系统。一项信息安全的防护系统，依照特定的规则，允许或是限制传输的数据通过。它实际上是一种隔离技术。防火墙是在两个网络通信时执行的一种访问控制尺度，它能允许你"同意"的人和数据进入你的网络，同时将你"不同意"的人和数据拒之门外，最大限度地阻止网络中的黑客来访问你的网络。换句话说，如果不通过防火墙，公司内部的人就无法访问 Internet，Internet 上的人也无法和公司内部的人进行通信。

3. IDS（入侵检测系统）

IDS，英文"Intrusion Detection Systems"的缩写，即"入侵检测系统"，是依照一定的安全策略，通过软、硬件，对网络、系统的运行状况进行监视，尽可能发现各种攻击企图、攻击行为或者攻击结果，以保证网络系统资源的机密性、完整性和可用性。入侵检测技术主要是利用防火墙技术，经过仔细的配置，通常能够在内外网之间提供安全的网络保护，降低了网络安全风险。但是，仅仅使用防火墙、网络安全还远远不够：（1）入侵者可寻找防火墙背后可能敞开的后门；（2）入侵者可能就在防火墙内；（3）由于性能的限制，防火墙通常不能提供实时的入侵检测能力。入侵检测系统是近年出现的新型网络安全技术，目的是提供实时的入侵检测及采取相应的防护手段，如记录证据用于跟踪和恢复、断开网络连接等。实时入侵检测能力之所以重要首先它能够对付来自内部网络的攻击，其次它能够缩短 hacker 入侵的时间。入侵检测系统可分为两类：基于主机和基于网络的入侵检测系统。

4. IPS（入侵防御系统）

入侵防御系统（IPS：Intrusion Prevention System）是电脑网络安全设施，是对防病毒软件（Antivirus Programs）和防火墙（Packet Filter，Application Gateway）的补充。入侵防御系统（Intrusion - prevention system）是一部能够监视网络或网络设备的网络资料传输行为的计算机网络安全设备，能够即时的中断、调整或隔离一些不正常或是具有伤害性的网络资料传输行为。比如病毒防护技术。病毒历来是信息系统安全的主要问题之一。由于网络的广泛互联，病毒的传播途径和速度大大加快。将病毒的途径分为：（1）通过 FTP，电子邮件传播；（2）通过软盘、光盘、磁带传播；（3）通过 Web 浏览传播，主要是恶意的 Java 控件网站；（4）通过群件系统传播。

病毒防护的主要技术如下：（1）阻止病毒的传播。在防火墙、代理服务器、SMTP 服务器、网络服务器、群件服务器上安装病毒过滤软件。在桌面 PC 安装病毒监控软件。（2）检查和清除病毒。使用防病毒软件检查和清除病毒。（3）病毒数据库的升级。病毒数据库应不断更新，并下发到桌面系统。（4）在防火墙、代理服务器及 PC 上安装 Java 及 ActiveX 控制扫描软件，禁止未经许可的控件下载和安装。

另外，还有安全扫描技术。安全扫描技术与防火墙、安全监控系统互相配合能够提供很高安全性的网络。安全扫描工具通常也分为基于服务器和基于网络的扫描器。VPN 技术。（1）对 VPN 技术的需求：学校和各部门、各学院之间采用 internet 网络进行连接，由于 internet 是公用网络，因此，必须保证其安全性。我们将利用公共网络实现的私用网络称为虚拟私用网（VPN）。（2）数字签名。认证技术主要解决网络通信过程中通信双方的身份认可，数字签名作为身份认证技术中的一种具体技术，同时数字签名还可用于通信过程中的不可抵赖要求的实现。数字签名作为验证发送者身份和消息完整性的根据。公共密钥系统（如 RSA）基于私有/公共密钥对，作为验证发送者身份和消息完整性的根据。CA 使用私有密钥计算其数字签名，利用 CA 提供的公共密钥，任何人均可验证签名的真实性。伪造数字签名从计算能力上是不可行的。

（二）安全设备的现状

网络平台安全的问题已成为信息时代人类共同面临的挑战，国内高校的网络安全问题也日益突出。具体表现为：计算机系统受病毒感染和破坏的情况相当严重；电脑黑客活动已形成重要威胁；信息基础设施面临网络安全的挑战；信息系统在预测、反应、防范和恢复能力方面存在许多薄弱环节；网络政治颠覆活动频繁。因此要提高我国网络安全防范能力，必须尽快制定具有战略眼光的"国家网络安全计划"；建立有效的国家信息安全管理体系；加快出台一系列相关法律法规，改变目前相关法律法规太笼统、缺乏操作性的现状；在信息技术及其关键产品的研发方面，提供具有超前意识的全局性目标和相关产业政策；建立一个功能齐备、全局协调的安全技术平台，与信息安全管理体系相互支撑和配合。

（三）安全事件管理的问题

1. 网络安全问题的产生

目前看来，信息安全和控制安全已是网络安全两大组成部分。国际标准化组织把信息安全定义为"信息的完整性、可用性、保密性和可靠性"；控制安全则指身份认证、不可否认性、授权和访问控制。

互联网与生俱有的开放性、交互性和分散性特征使人类所憧憬的信息共享、开放、灵活和快速等需求得到满足。网络环境为信息共享、信息交流、信息服务创造了理想空间，网络技术的迅速发展和广泛应用，为人类社会的进步提供了巨大推动力。然而，正是由于互联网的上述特性，产生了许多安全问题：

（1）信息泄漏、信息污染、信息不易受控。例如，资源未授权侵用、未授权信息流出现、系统拒绝信息流和系统否认等，这些都是信息安全的技术难点。

（2）在网络环境中，一些组织或个人出于某种特殊目的，进行信息泄密、信息破坏、信息侵权和意识形态的信息渗透，甚至通过网络进行政治颠覆等活动，使国家利益、社会公共利益和各类主体的合法权益受到威胁。

（3）网络运用的趋势是全社会广泛参与，随之而来的是控制权分散的管理问题。由于人们利益、目标、价值的分歧，使信息资源的保护和管理出现脱节和真空，从而使信息安全问题变得广泛而复杂。

（4）随着社会重要基础设施的高度信息化，社会的"命脉"和核心控制系统有可能面临恶意攻击而导致损坏和瘫痪，包括国防通信设施、动力控制网、金融系统和政府网站等。

2. 网络安全成为信息时代人类共同面临的挑战

在各领域的计算机犯罪和网络侵权方面，无论是数量、手段，还是性质、规模，已经到了令人咋舌的地步。据有关方面统计，目前美国每年由于网络安全问题而遭受的经济损失超过170亿美元，德国、英国也均在数十亿美元以上，法国为100亿法郎，日本、新加坡问题也很严重。在国际刑法界列举的现代社会新型犯罪排行榜上，计算机犯罪已名列榜首。

3. 我国网络安全问题日益突出

目前，我国网络安全问题日益突出主要体现在以下几方面。

（1）计算机系统遭受病毒感染和破坏的情况相当严重。据国家计算机病毒应急处理中心副主任张健介绍，从国家计算机病毒应急处理中心日常监测结果看来，计算机病毒呈现出异常活跃的态势。

（2）电脑黑客活动已形成重要威胁。网络信息系统具有致命的脆弱性、易受攻击性和开放性。从国内情况来看，目前我国95%与互联网相联的网络管理中心都遭受过境内外黑客的攻击或侵入，其中银行、金融和证券机构是黑客攻击的重点。

（3）信息基础设施面临网络安全的挑战。面对信息安全的严峻形势，我国的网络安全系统在预测、反应、防范和恢复能力方面存在许多薄弱环节。

（4）网络政治颠覆活动频繁。近年来，国内外反动势力利用互联网组党结社，进行针对我国党和政府的非法组织和串联活动，猖獗频繁，屡禁不止。尤其是一些非法组织有计划地通过网络渠道，宣传异教邪说，妄图扰乱人心，扰乱社会秩序。例如，据媒体报道，某非法组织就是在某国设网站、利用无国界的信息空间进行反政府活动。

4. 制约提高我国网络安全防范能力的因素

当前，制约我国提高网络安全防御能力的主要因素有以下几方面。

（1）缺乏自主的计算机网络和软件核心技术。我国信息化建设过程中缺乏自主技术支撑。计算机安全存在三大黑洞：CPU芯片、操作系统和数据库、网关软件大多依赖进口。我国计算机网络所使用的网管设备和软件基本上是舶来品，被认为是易窥视和易打击的"玻璃网"。由于缺乏自主技术，我国的网络处于被窃听、干扰、监视和欺诈等多种信息安全威胁中，网络安全处于极脆弱的状态。

（2）安全意识淡薄是网络安全的瓶颈。近年来，国家和各级职能部门在信息安全方面已做了大量努力，但就范围、影响和效果来讲，迄今所采取的信息安全保护措施和有关计划还不能从根本上解决目前的被动局面，整个信息安全系统在迅速反应、快速行动和预警防范等主要方面，缺少方向感、敏感度和应对能力。

（3）运行管理机制的缺陷和不足制约了安全防范的力度。运行管理是过程管理，是实现全网安全和动态安全的关键。有关信息安全的政策、计划和管理手段等最终都会在运行管理机制上体现出来。就目前的运行管理机制来看，有以下几方面的缺陷和不足：网络安全管理方面人才匮乏；安全措施不到位；缺乏综合性的解决方案；缺乏制度化的防范机制。不少单位没有从管理制度上建立相应的安全防范机制，在整个运行过程中，缺乏行之有效的安全检查和应对保护制度。不完善的制度滋长了网络管理者和内部人士自身的违法行为。

三、高校网络平台安全风险分析

（一）物理安全风险

物理安全是保护计算机设备、计算机系统、网络服务器、打印机等硬件实体和通信链路设施（含网络）免遭人为破坏和搭线攻击，免遭地震、水灾、火灾、有害气体和其他环境事故（如电磁干扰等）的破坏，对计算机网络系统的环境、场地、设备和人员等所采取的安全技术措施。随着信息产业的高速发展，众多企业、单位都利用互联网建立了自己的信息系统，以充分利用各类信息资源。但是我们在享受信息产业发展带给我们的便利的同时，也面临着巨大的风险，作为计算机网络系统的根基——物理安全的重要性不言而喻，环境安全、电磁防护和物理隔离三个方面是保证网络系统物理安全问题的三大重要方面。

（二）系统安全风险

1. 数据库风险：是风险管理信息系统的核心，是贮存基本信息的记忆库。建立数据库的重要活动有：（1）选择需要包含的数据类别及每种数据类别所应搜集的数量，这些数据类别的多少及数量取决于经济单位认为是否能够满足可行决策。（2）决定数据的格式、类型以及执行RMIS预期功能所要求的直接调用能力。（3）修改和定期检查实际数据。

2. 软件风险：在选购已编好的RMIS软件或雇用其他软件公司编制或经济单位自己编制RMIS软件时，风险管理人员需要考虑以下几方面问题：可行性，友好的用户界面，灵活性，综合性，容错性，兼容性，分析能力，安全性。

3. 硬件风险。

4. 人事风险：风险管理信息系统中人是最重要的，人是提供和解释数据，设计、组建、安排并维修硬件。

（三）数据安全风险

考虑数据安全首先要分析自己的核心业务，然后存在什么薄弱点，会引发什么样的风险，然后制定措施来应对风险，并执行措施，跟踪效果，持续改进。一般都是这样的方法论。

那么对于高校应对数据安全问题，也是根据这个模式来。一般来说，数据安全对应的风险包括数据丢失、数据泄漏，而数据泄漏又分为是被外部黑客攻击而丢失，以及内部员工泄漏两种。防止数据丢失，一般就是数据存储的加固，比如使用冗余存储，定期远程备份等等。

对于数据泄漏，防止外部黑客，主要是防火墙、防入侵、防病毒/木马、数据加密、身份识别等等；防止员工泄密，主要是权限控制、文件加密等等。不过最近看到有解决方案是数据不落地的（比如 uzer.me），如果能够实施的话，对于防止员工泄密和黑客攻击还是蛮有新意的。

从一般投入来说，是网络边界防护更多，包括很多搞内外网物理隔离。不过据说有数据统计，绝大多数数据安全问题是由内部引发的。看来老话说"家贼难防"，是很有道理的。另外，还有通信、应用、运行、管理风险等。

四、安全平台的功能设计

从漏洞管理到定位告警，再到网络平台安全应急预案，都不容忽视。

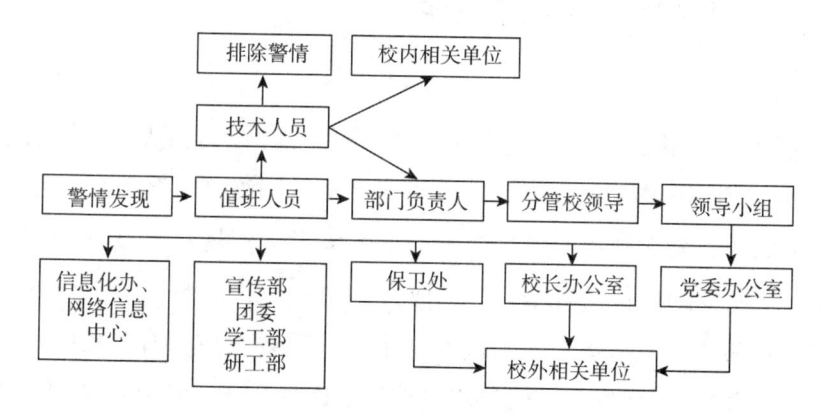

高校网络平台安全保障措施，首先是队伍保障。加强队伍建设，不断提高安全岗位工作人员的信息安全防范意识和技术水平，确保安全事件处置得当。2016年4月19日，习近平同志在网络安全和信息化工作座谈会上的讲话中指出，"'得人者兴，失人者崩'。网络空间的竞争，归根结底是人才竞争。建设网络强国，没有一支优秀的人才队伍，没有人才创造力迸发、活力涌流，是难以成功的。念好了人才经，才能事半功倍。"

高校网络平台安全保障措施，其次是技术保障。不断完善网络安全整体方案，加强技术管理，确保信息系统的稳定与安全。

第三是资金保障。网络信息中心应根据校园网络与信息系统安全预防和应急处置工作的实际需要，申报网络与信息系统关键设备及软件的运维专项资金，提出本年度应急处置工作相关设备和工具所需经费，上报至财务处纳入年度预算，由学校给予资金保障。

第四是安全培训和演练。网络信息中心定期对相关工作人员进行网络与信息系统安全知识培训，增强预防意识和应急处置能力，有针对性地开展应急演练，确保相关措施有效落实。

五、未来网络平台安全的拓展

1. 全网预警

网络文明既要自律，也离不开他律，两者相辅相成。加强网络监管，使网络发展走上规范化道路，是推进网络文明建设的重要前提和保证。大学制定的各项网上制度、大学人对网络制度的态度以及网络制度的执行三者结合，构成大学网络文化的制度形态。15年前，北京邮电大学就是我国教育主干网的重要组成部分，校内所有学生宿舍接入互联网，通过校园网接入INTERNET国际互联网。目前 WiFi 覆盖校园，同时教育部舆情中心设在该校。

让网络固化于制。（1）表层制度文化：以电子文字等形式呈现出来的制度；（2）深层制度文化：具有规范性和组织性的一种独特的文化概念，是指人们对创建制度与遵守制度的态度、价值观、认同观等。制度文化，就是把大学可持续发展的路子铺好，让大家逐渐养成一种习惯。

大学网络制度文化：（1）作为硬制度的基于计算机系统本身的各种网络协议；（2）作为软制度的国家级、省市级相关的网络法律规范、大学对师生使用校园网络的各种制度规定；（3）大学师生在长期使用校园网络中形成的道德约定与行为习惯。北京邮电大学制定了有关校园网内禁止商业音像资源的下载及传播的规定，各种版权资料的合理使用规定、加 V 的微博微信使用权限的规定。为有效避免不良信息对学生的影响，建立了三道防线：一是技术防线；二是法律、法规防线；三是思想和心理防线。从而使网络传播逐渐从无序走向有序，为学生的健康成长创造了良好的网络环境。

成立专门机构，实行网络文明责任管理。当前，我国高校网络规范治理主要由宣传部、信息网络中心等相关职能部门执行，但由于责任不明，多头管理，执行力受到很大影响。应成立专门机构，和中央网信办对应上，加强网络文明建设的总管和统揽，明确网络管理责任，及时发现问题和查办各种违法案件。专门机构可以利用相应级别的学校门户网站，在其首页建立网络文化监控专题，对相关情况及时核查、追踪，使网络监控落到实处。

加强网络立法，推动网络文明制度建设。加快网络文明的立法步伐，健全网络管理的法律法规，减少网络管理的法规"真空"，切实做到"有法可依、有法必依"，对包括散布危害社会的不良信息、色情信息、侵犯知识产权、侵犯个人隐私等网上犯罪行为交于司法部门课以重刑，使其受到应有的惩罚。

实施登记审批，加强网络入口管理。各种网络资源和网络失范现象是数字化产品的终端。要从根本上解决网络失范现象，必须实施从严准入制度，对设立网站进行逐一认定和登记，加强对网站性质、内容等方面的审核，关口前移，标本兼治，将一些恶俗、非法的网站堵塞在网络之外。

推行分级管理，保持网络活力。加强管理，不是将所有高校网络建设成为"千网一面""千网一声"，如果对网络管理过死，既违背了网络的虚拟性、自由性和快捷性等网络建设规律，也不利于网络自身发展。

2. 实现中的关键技术

2016年4月19日，习近平总书记在网络安全和信息化工作座谈会上的讲话中指出："什么是核心技术？我看，可以从三个方面把握。一是基础技术、通用技术。二是非对称技术、'杀手锏'技术。三是前沿技术、颠覆性技术。在这些领域，我们同国外处在同一条起跑线上，如果能够超前部署、集中攻关，很有可能实现从跟跑并跑到并跑领跑的转变。我国网信领域广大企业家、专家学者、科技人员要树立这个雄心壮志，要争这口气，努力尽快在核心技术上取得新的重大突破。正所谓'日日行，不怕千万里；常常做，不怕千万事'。"

3. 集中管理平台的发展方向

加强教育引导，用中国特色社会主义文化占领网络阵地。网络文明建设归根结底是要加强教育引导，加强网络伦理建设。

（1）建立网络核心价值体系，引领网络健康发展。网络文明是社会文明的有机组成部分，它的核心价值体系应当与我国社会主义核心价值体系一致。因此，网络文明建设应坚持用社会主义核心价值观规范师生行为、引领社会风尚，形成文明办网、文明上网的浓厚氛围，营造共建共享的精神家园。

（2）加强网络道德规范教育，倡导文明上网。网络道德是现实伦理道德在网络虚拟世界的延伸，起着规范人的行为、调整人与人之间关系的作用。在网络世界，只有努力将政策、法规上升到伦理道德和生活习惯的层次上，成为行为主体的自觉要求，才能有效地规范个体网络行为。

（3）增强主流网站魅力，赢得网民主体。学校要加大资金、人力投入，利用主流网站的资源优势，大力宣传社会主义精神文明，做好社会主义核心价值体系的网上宣传与普及工作，努力将优秀文化成果转化到互联网上来，同时集中优势资源，做大做强网络平台，提供较为丰厚的网络资源，不断满足广大网民多样化、个性化的文化信息需求。

一是要加强网络执法，推进网络文明的监督与管理。

网络文明建设不仅需要柔性的教育引导，还应包括硬性的执法管理，对不文明、不规范的网络现象进行严格监管和惩罚。

要加强网站管理、微信微博等自媒体管理，规范信息载体。网站是互联网发布信息的载体，也是不良信息发布和网络犯罪的平台。因此，从事互联网新闻信息服务的网站，要严格规范新闻来源，不得违规转载不实报道，散布虚假信息和小道消息。

要完善监督体系，实行全方位监管。互联网瞬息万变的快捷性质，增加了网络监督的难度。因此，推进网络文明建设不是某一个职能部门就能单独完成的，必须建立一个由"学校、政府、网络、社会"构成的全方位监管体系。尤其是政府应充分认识网络对于未来社会的先导意义和重大影响,切实负起责任,及时受理各类公众不良信息举报,严惩网络犯罪。

二是要强化技术保障,增强网络文明建设的有效性。

网络失范主体往往运用高科技手段逃避外在约束。推进网络文明建设归根结底是要遵从高科技发展规律,用现代科技手段推进网络规范,降低网络管理成本,增强网络文明建设的有效性。为此,要借鉴国际惯例和成功经验,对网络信息发布实行贴标签管理;同时强化网络识别过滤技术功能,使不良信息无法登陆;加强网络屏蔽技术的研究和应用,使淫秽、色情和暴力等网络信息自动屏蔽或删除。加大网络系统开发应用研究,掌握拥有自主知识产权的网络核心技术,健全网络安全体系,保护信息安全;加快软件开发,创新核心技术,摆脱对国外核心技术的依赖。

高校新闻网是新闻发布的权威平台、了解学校发展的重要窗口，在校园媒体融合中承担着重要使命。要明确角色定位，强化队伍保障，健全完善机制。要提升教职工通讯员队伍的自觉性，调动大学生校园记者的主动性，发挥宣传部门自身的创造性。不断优化新闻网采编发工作机制，强化新闻网评价激励机制。

第八章　高校新闻网的运营与管理

高校新闻网自诞生以来，始终作为各高校官方网站的重要组成部分，成为发布学校信息的重要平台，展示学校形象的重要阵地，丰富校园文化的重要载体，成为体现学校综合办学实力的网络名片。在各高校的主页上，不论是以"要闻""新闻""头条"还是"动态"的栏目命名，新闻网都会在各高校官网上"身居要位"，并附加"进入新闻网"字样，足见其在一所大学网络空间的重要性，作用不可替代、影响不容忽视。

作为自行创办并负责运营管理的网站，高校新闻网具有双重属性。一方面是高校执管的新闻媒介，另一方面是高校搭建的网络育人平台，因此运营和管理高校新闻网要满足双重标准的考量。党的十九大报告明确提出，要坚持正确舆论导向，高度重视传播手段建设和创新，提高新闻舆论传播力、引导力、影响力、公信力。加强互联网内容建设，建立网络综合治理体系，营造清朗的网络空间。2017年12月，教育部在印发的《高校思想政治工作质量提升工程实施纲要》中，明确提出要充分发挥课程、科研、实践等与学生成长成才密切相关的十个方面工作的育人功能，挖掘育人要素、完善育人机制、优化评价激励，切实构建包括网络育人在内的十大质量提升体系。由此可见，在中国特色社会主义进入新时代的背景下，高校新闻网的运营与管理面临全新的时空环境，需要广大高校思想政治工作者尤其是新闻宣传战线的同志们，自觉强化全局意识、质量意识和协同意识，努力提高建网用网管网能力，有效利用校内外资源，积极改进传播方式方法，发展壮大网络舆论力量，不断完善新闻网的功能和作用，努力开创高校网络宣传新局面。

一、明确角色定位

高校新闻网与一般社会上的新闻门户网站相比较而言，既有共性特点也存在个性差异。在新闻业务属性方面的同质化特征相对明显，其个性特点应引起我们的重点关注。受教育程度较高的受众群体、不可偏废的育人功能、严谨科学的学府特征等，在传播学校新闻信息、提升知名度和美誉度方面，是必须考虑周全的重要因素。在"互联网+"时代，在媒介多元化发展的今天，明确高校新闻网的角色定位，是运营管理者必须作答的首要命题。

21世纪初，伴随着互联网的广泛应用，新闻网也曾作为新媒体的代表，在高校校报、广播、电视构建的原有传统新闻阵地上，扮演着新锐力量的角色，并以其快速、迅捷、及时的明显优势，凭借图文并茂的多样形式和内容丰富的海量信息，赢得了广泛受众，覆盖面和影响力占据了高校各类媒体阵地的首位。进入移动互联时代，智能手机的日益普及，微博微信异军突起，赢得了多数民众特别是青年大学生群体的普遍青睐。刷微博、看朋友圈、访问QQ空间成为年轻一代获取新闻资讯的首选，高校新闻网已不再成为广大师生获取学校信息资讯的路径依赖。"人人都有麦克风""人人都是电视台"的时空环境，高校新闻网应该做什么？主要给谁看？究竟怎么做？需要我们在新时代寻找新坐标。

(一) 学校新闻发布的权威平台

权威发布，应成为高校新闻网的立身之本。作为高校网络宣传的重要阵地，新闻网自诞生之日起，就承担着围绕中心、服务大局的宣传职能，体现高校党委管党治党、办学治校的业绩成果，传播的信息由党委宣传管理部门严格审校。经过多年的探索实践，各高校均形成了相对成熟的采编发流程和符合自身实际的工作机制。从媒介特点相比较，相对于校报、广播和电视报道而言，新闻网报道反映更快、权威性更强、可信度更高，相对于官方微博微信，新闻网又具备涉猎全面，便于结合图文影音等进行综合报道的特点，理应定位于学校新闻发布的权威平台，成为反映学校动态信息的"第一落点"。

权威发布，要体现在新闻网报道内容的准确无误、真实可靠。一是要符合新闻传播规律，新闻网报道的内容，一定是关于学校新近发生的有关事实的报道，但并不意味着所有学校发生的新闻都适合在新闻网上报道，应该合理选材、适当取舍。二是要符合网络传播特点，就是要强调以受众为导向，运用网言网语进行传播，要符合网络阅读习惯，精心制作标题，报道内容要通俗易懂。三是要强调教育引导功能，要有别于一般性的社会新闻网站，决不能靠吸引眼球和猎奇心态获得点击率，更不能以点击率高低来衡量宣传报道的优劣，要凸显高校自身的格调和品位。

权威发布，体现在新闻网要扮演好"网络发言人"的角色。有人认为，随着微博微信新媒体的迅猛发展，权威发布应当选择官方微博作为引导舆论、回应关切的平台。的确，从媒体特性的角度分析，官方微博的确有受众多元、反应迅速、覆盖广泛的特点，确有不少高校选择官方微博作为突发事件应对、避免舆情发酵和谣言传播的重要阵地，但这与新闻网承担"网络发言人"的职责并不矛盾。毕竟，学校突发事件并非常态，多数新闻信息都属于及时报道学校建设发展情况、综合改革进程、教育教学成果、学术科研活动、文化交流状况等方面内容，从全景展现学校风貌、权威发布学校信息，全面报道师生气象的客观需求上，新闻网无疑是学校权威发布平台最佳选择。校报、广播电视、官方微媒体各司其职，构建全媒体校园传播矩阵，确保学校新闻宣传工作主旋律高昂、正能量充沛。

（二）了解学校发展的首要窗口

高校新闻网的受众构成可以分为校内和校外两大部分。校内主要是广大师生员工。校外的受众群体可大致分为：校友、学生（考生）家长、媒体记者以及关注学校建设发展的各界人士。高校新闻网作为非盈利、非社会化的网络媒体，要把学校建设发展的进展、成果、亮点展现给公众，呈现高校良好的发展态势，不断提升学校的知名度、美誉度和影响力、传播力。

不少高校新闻网主页上的醒目位置，留给了反映学校即时动态信息的新闻报道栏目。点击进入新闻网可见到"校园""人物""专题""影像""评论""文化""学术活动""国际交流""校史故事""媒体报道""校报电子版""广播电视"等若干栏目，俨然成为社会了解学校的信息总汇和资讯平台。这其中不乏精品力作，为高校新闻网的运营和管理提供了宝贵的经验和有益的借鉴。

清华大学新闻网布局简洁明快，首页有序建构，内容覆盖广角透视、校园生活、文化漫谈、清华史苑和高教视点，"专题新闻""新闻排行""新闻合集"发挥了工具性服务功能；中国传媒大学新闻网的图片报道，极具视觉冲击力，栏目琳琅满目，要闻、专题、快讯呈现了专业优势，特稿和时评体现的观点也是新闻的价值取向；

天津大学新闻网设置了8个栏目，其中"校内新闻"又分9个子频道，特别链接"校史博物馆""网上学术厅""文化故事"等；上海交通大学新闻网有16个栏目，除要闻、快讯等外，将"领导活动"和"领导讲话"单独设立，专门开设"学生记者团"栏目；南京大学新闻网设置"科技动态""社科动态""学人观点""理论园地"等栏目；中山大学新闻网内设栏目数量多，将毕业生作为专栏设置开展常态化报道；电子科技大学新闻网具有新闻、视频、图片三张面孔，从文字、影像、读图三个维度构建新闻网络报道。这7所高校是教育部、国家网信办加强网络建设和管理工作的试点院校。

（三）校园媒体融合的使命担当

媒体融合是传统媒体和新兴媒体同步发展的必由之路。2014年8月18日，习近平总书记主持召开中央深改组第四次会议，审议通过《关于推动传统媒体和新兴媒体融合发展的指导意见》，对新形势下如何推动传统媒体和新兴媒体融合发展提出了明确要求，不仅对社会媒体深度融合有重要指导意义，而且是高校校园媒体在新形势下改革发展的必然选择。

校报、广播、电视、新闻网、官方微博、微信公众号等大学校园媒体，如何从相加到相融转变？如何有效融合？如何整合资源？一系列现实问题要求高校新闻宣传部门和从业者必须正面回答。从运营和管理的实际需求分析，高校依托新闻网络媒体的技术优势和多年的运营经验，通过重构业务流程，建成集校内新闻媒介于一体的全媒体融合平台，形成空间、技术、业务、人员协同联动的重要阵地，有利于融合校内报刊、广播、电视、微博、微信的优质资源。

新闻网成为高校自有媒体融合发展的平台，有助于按照新闻传播规律做好各项工作，毕竟新闻信息是传受关系之间必要的介质，而这种信息交互的社会活动网络平台已经提供了多年的实践基础，从而避免了在媒体融合进程中"单行线"问题的发生，避免成为主办主管方面的一厢情愿，而违背了校园媒体融合发展的本质初衷。需要注意的是，与社会媒体融合发展进程比较而言，高校新闻宣传领域客观上存在着明显的差距和广阔的发展空间，需要我们做好顶层设计，着力在理念、内容、队伍、阵地、资源等方面统一管理、协调配置、形成合力，通过事半功倍地努力实现弯道超车。诚然，我们提供的方案也只是探索和实践的一种范式，各个高校可以充分考虑自身实际情况，展现出"一校一品"的融合方案，创建出模式多元、形态多样、手段多变的高校新闻网，成为吸引力强、影响面广的新型校园主流媒体阵地，更有利于彼此沟通交流、互学互鉴。

二、强化队伍保障

高校新闻网作为宣传思想文化工作的重要阵地，离不开专业队伍保障，要充分发挥好基层教职工通讯员、大学生记者、宣传部门自身多方面的作用，把队伍配齐建强、把能力丰富提升、把责任明确落实，只有强化了队伍保障，新闻网才能提升品质。

（一）落实意识形态责任制，提升教职工通讯员队伍的自觉性

高校基层教职工通讯员多为兼职承担新闻宣传任务，如何将他们的积极主动性体现在刚性的工作考核之中，可以选择从落实校院两级意识形态责任制着手。

意识形态工作是党的一项极端重要的工作，高校是意识形态工作的重要领域和前沿阵地。校院两级党组织要落实党管意识形态原则，建立集体领导、分工明确、执行有力的意识形态工作责任体系，

强化责任意识，认真负责尽责，严格追责问责，牢牢把握意识形态工作领导权、管理权、话语权，巩固马克思主义在意识形态领域的指导地位，巩固学校师生员工团结奋斗的共同思想基础，培养德智体美全面发展的社会主义建设者和接班人。新闻宣传和舆论引导是落实意识形态责任的重要内容，必须由分管领导和具体人员落实到位。

教职工通讯员基本上都具备一定的写作能力，并具有相应的写作爱好，有效调动他们的积极性和自觉性，主动为新闻网供稿，对于延伸学校新闻宣传工作的触角，深入基层捕捉"活鱼"大有裨益。但是，工作不能仅凭兴趣和觉悟，落实到岗位责任，体现到工作业绩，才能实实在在的发挥教职工通讯员的作用。综合分析考虑，新闻网的稿源应当有50%左右来自基层教职工通讯员，不同学校的实际情况存在差异，有的可能是底线，有的或许是目标。

（二）强化实践育人功能，调动大学生校园记者的主动性

高校新闻网的建设和发展，离不开青年大学生的参与和互动，这是校园网络媒体区别于社会网络新闻平台的明显特征，也是新闻网运营与管理的独特优势。

根据不同高校的学科专业特点，可从两个方面来探讨调动大学生校园记者主动性的话题。一是具备相应新闻传播学科专业的院校，应主动将新闻网这一宣传思想文化阵地作为校内专业实践的重要基地，为同学们在校园内进行专业实习实践创造条件，这样既有利于吸收学科前沿领域的发展成果，又能永葆高校新闻网旺盛的生命力和影响力。另一个方面，不具备新闻传播学科专业的高校，也要建立大学生校园媒体记者队伍，有的学校以社团为载体，让有志于新闻事务实践和写作兴趣爱好的同学们通过团学组织，自发成为学校

党委宣传部门的编外力量；有的学校通过成立校园媒体中心等媒体阵地，以勤工助学岗位的方式组建专门队伍；还有的利用创新创业实践基地的渠道，以文化创意传媒为主攻方向，发挥青年大学生内容生产的主动性和创造力，丰富校园媒体报道资源，尤其是满足数图解读方面的新闻制作需求。

需要强调的是，不论是怎样的组织方式，还是实行何种管理手段，调动大学生校园记者的主动性参与新闻网的运营与管理，要坚持围绕立德树人这一中心环节，强化实践育人功能，在日常新闻实践中突出对青年大学生媒介素养的锻炼，积极创造条件让同学们接触不同题材类型的新闻报道，使同学们在采写新闻报道过程中坚定信仰、捍卫常识、锤炼理性，引导同学们在增长才干中，努力争做社会主义核心价值观的坚定信仰者、积极传播者、模范践行者。

（三）突出舆论引导时度效，发挥宣传部门自身的创造性

如果说，上述两个方面是运营与管理好高校新闻网的外部条件和因素，那么宣传部门自身的创造性将是决定新闻网品质的内部根本性要素，是内因更是基础。

宣传部门的创造性要强调鲜明的政治导向。这是因为高校肩负着人才培养、科学研究、社会服务、文化传承创新、国际交流合作的重要使命，同时也是扎根中国办大学的客观要求。作为高校新闻网实际操盘手的宣传思想文化部门，首先要把握正确政治方向，巩固马克思主义在意识形态领域的指导地位，巩固全体师生团结奋斗的共同思想基础，紧扣"成风化人、凝心聚力"的任务，积极强化时度效意识，把握时机、掌控节奏、注重成效；其次要突出舆论导向，综合运用新闻网的特色优势，充分运用文字、图片、音频、视频等媒介手段，多元化传播、多形态呈现、多范围覆盖，持续增强

新闻网的吸引力和感染力；最后要强化价值取向，大力弘扬社会主义核心价值观，着眼深入人心，坚持以文化人，不断强化服务功能，凸显人文关怀，弘扬正能量，提振精气神。

宣传部门的创造性要遵循网络传播规律。高校新闻网的受众重点是广大师生员工，大家的用网习惯有规律可循，能够为定时更新网络内容提供有针对性的依据。一般来讲，早中晚的课外时间应当是校园新闻网的浏览高峰，适度提前完成好新闻网的内容更新，让师生感觉到随时登录新闻网都会有新内容，势必会增强与受众间的黏度，使新闻网成为师生上网的必选浏览。

宣传部门的创造性要体现于对新技术的掌握和应用。信息时代媒介技术发展日新月异，H5、VR、无人机、数图新闻、网络直播等多种新媒体形式方兴未艾，人工智能、大数据、云计算技术应用日益广泛，高校新闻宣传干部最为重要的是要与时俱进、更新观念，着力提升自身的新闻业务能力和统筹策划水平，抓基层、打基础、苦练基本功，不断创新方式方法，整合资源、凝练特色，增强新闻网的交互功能，广泛开展线上线下互动交流、搜集师生诉求、优化用户体验，构建全校大宣传工作格局。

三、健全完善机制

新闻网的运营与管理离不开健全的管理体制和完善的运行机制。不同规模、不同类型的高校，结合自身实际都具备建立行之有效的制度保障，方能使新闻网行稳致远、永葆生机。这里，我们从内外两个范畴提供一些参考和借鉴。

（一）跨界融合，优化新闻网采编发工作机制

前面已经赘述过高校新闻网应当成为校园媒体融合发展的角色

定位，这里重点阐述一下业务流程问题。首要是搭建校内不同媒体的采编发联动平台，优势互补、各取所长。

通过高校新闻网构建采编发联动平台，优化内容生产模式，适应多元化传播和多形态阅读，有助于加快新闻网栏目的结构优化，利于基于新闻网生产推动各类校园媒体刊发内容从可读到可视、从静态到动态、从一维到多维的升级融合，实现一个指挥系统全媒体资源调动、一次内容采集多作品形态生成、一个渠道矩阵多元化推广传播，有助于新闻网以内容优势赢得发展优势，实质性推进校园媒体从"相加"到"相融"转变。采访部应当整合校园不同媒体的师生采访力量，经常性提供有价值的新闻报道线索，高质量落实新闻采写任务。编辑部要及时将来自于基层教职工通讯员、大学生校园记者、宣传部门自有力量提供的原创稿件，多形态编辑成为适合不同媒体报道的形态，尽可能实现同一新闻多元化传播的效果。技术部要为整个平台提供系统运行维护支持，确保网络运行空间正常有序，特别是持续运用新技术手段不断优化采编发的流程，确保高质高效。

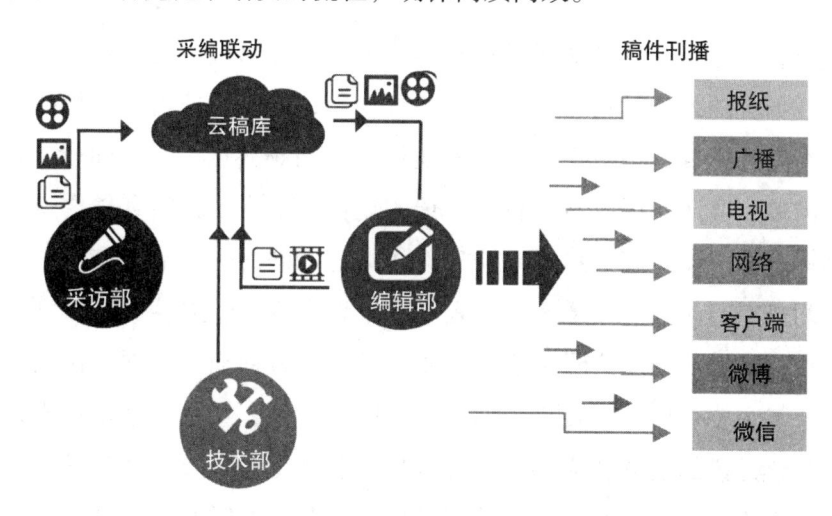

由此可见，优化新闻网采编发工作机制，实则搭建了校园不同媒体联动工作的"中央厨房"，印证了新闻网在高校校园媒体中独具价值的特殊地位，应当值得倾注精力办实办好。

（二）落实责任，强化新闻网评价激励机制

健全完善了内部采编发的工作机制，外部运行保障机制同样不能偏废，否则新闻网的运营与管理将成为无源之水、无本之木。要在组织机构、队伍建设、激励评价、工作协作等方面探索创新，研究形成有利于高校新闻网管理建设、内容创作、弘扬传播的新机制、新途径、新办法。

1. 清单化明责

高校新闻网要以弘扬网上主旋律、推进网络文化阵地建设、增强网络育人实效为目标，充分调动各基层党组织开展新闻宣传的积极性，牢牢掌握网络意识形态的领导权、网上舆论引导话语权、网络阵地管理主导权，促进高校网络宣传工作取得新成效、呈现新局面。

宣传思想部门要将基层党组织特别是党支部做好网上新闻宣传的任务，纳入基层党建和意识形态责任制，明确任务清单，指明年度季度月度宣传报道重点，带领全校上下同频共振、同向同行。责任清单，要注重把控高校新闻宣传的规律和节奏，新闻宣传要遵循高等教育规律和高校思想政治工作规律。不同的时间节点有不同的新闻热点，从招生宣传、新生入学、军训生活、适应性教育、学风建设、社团活动、校园生活、毕业离校等方方面面，不同月份的时间节点上要有侧重，要重视清明、端午、中秋、重阳等中华优秀传统文化元素的挖掘和应用，要重视抗战胜利纪念日、国家公祭日等革命文化的传承和弘扬，要重视利用节庆和重要时间节点开展社主义先进文化传播。责任清单，不能仅仅局限在传播工作成果的信息，要通过讲故事传递价值、诉诸情感、产生共鸣，做到言之有理、言之有物、言之有情。要注重挖掘基层的榜样人物和典型事迹，讲好学校建设发展过程中的"好故事"。通过明快活泼的语言表达、接地气的叙述方式，让故事清新有趣，让人物真实饱满，让道理明白透彻。使广大师生成为新闻网当仁不让的主角，展示师生蓬勃向上的良好精神风貌。

2. 痕迹化管理

强化新闻宣传纪律，高校新闻网运营与管理必须由党委宣传部门归口管理，日常维护由学校新闻中心负责，要专人专岗把关网络宣传内容，不断健全完善三审三校责任体系。

在采用通讯员稿件过程中，可通过各高校的办公信息系统，专门开辟新闻投稿的流转审批路径，通讯员把采写好的成稿上传，由本单位分管领导审定后，再递交基层党组织书记审核，随后进入宣传部门新闻网的编发流程。这样可以避免在宣传时机把握上出现偏差。通过信息化手段一方面提高稿件的流转审核效率，另一方面也便于建立新闻刊发档案，确保有据可查。

3. 台账化落实

高校新闻网运营与管理事无巨细，必须要实行规范化管理，采用台账化落实不失为一种有效的举措。选题策划、报道组织、采访安排、计划落实、研究版面、审定稿件等各个环节，都应当建立相关的工作台账，一方面有利于工作积淀，另一方面避免重复曾经走过的弯路。在台账化落实的基础上，有利于建立相应的工作考评制度，逐步完善优稿优酬机制。

从新闻网外部范畴分析，建立运营与管理台账，对于加强校园网站编辑队伍培养培训，提升网络文章编辑能力和推送水平大有帮助。鼓励和支持学校教职员工尤其是学术大师、教学名师、优秀导师利用专业知识、结合岗位工作参与网络文章写作和网络文化产品创作，做好学生思想疏导和社会舆论引导，这些也离不开工作台账。

高校新闻网要不断强化思想性、教育性、服务性、互动性的功能，就要组织动员学校广大师生尤其是专家学者，围绕理论和现实热点、难点和重点问题，运用网言网语在校内外网络媒体上发表思想教育、宣传评论和舆论引导文章，形成可总结、易实现、能推广的网络文化成果，鉴于此，建立好工作台账也成为一种必然要求。

要加强对新闻网运营与管理的指导，积极协调校内外各方力量，形成工作合力，推动日常工作顺利开展。要探索建立全新的工作机制，配备专职工作人员，为机构运转、人员发展提供政策支持和必要条件，确保新闻网定位明晰、队伍健全、机制完善、保障到位。

高校官方微博要强化运营和管理，设计兼顾学校特色和用户需求的内容板块，构建网友喜闻乐见的官方微博话语体系，基于统计分析的定时推送和内容更新频率，内容发布审核与留言评论的有效引导，适应分众化差异化传播的议题设置，借助校内外资源提升粉丝吸纳力度，通过线上线下互动提升用户忠诚度，有效借助社会力量提升用户美好体验，打造官方微博矩阵形成合力，提升运营团队的能力。

第九章 高校官方微博的运营与管理

微博（Weibo），即微型博客（MicroBlog）的简称，是一种基于用户关系信息分享、传播以及获取的社交应用平台。根据2018年1月31日中国互联网络信息中心（CNNIC）发布的第41次《中国互联网络发展状况统计报告》显示，截至2017年12月，我国网民规模达到7.72亿，互联网普及率达55.8%，超过亚洲及全球的平均水平，2017年全年共计新增网民4074万人，增幅为5.6%。其中，使用手机上网的网民规模达7.53亿，占总数的97.5%，较2016年同期提升2.4%。移动互联网已渗透到人们生活的方方面面。就社交应用而言，微博成为第三大社交应用平台，仅次于微信朋友圈、QQ空间。据新浪微博数据中心发布的《2017微博用户发展报告》显示，截至2017年9月，微博月活跃用户共3.76亿，与2016年同期相比增长27%，其中移动端占比达92%；日活跃用户达到1.65亿，较去年同期增长25%。运营和管理好微博这一重要社交平台，成为高校新闻宣传部门的重要任务之一。

一、高校官方微博的定位

在新媒体时代，信息传递从传统的自上而下的"灌输""宣传"日益转变为双向交流、平等传播。在这一背景下，高校新闻宣传部门纷纷顺应时代发展趋势开通学校官方微博，主动占领新闻传播的新阵地，打造信息共享、知识传递、沟通对话的新媒体平台。

（一）高校官方微博现状与特点

2009年9月11日，华中科技大学注册认证官方微博，开启了高校建设官方微博的历史序幕。随后，北京大学、清华大学、浙江大学、北京师范大学等高校纷纷开通官方微博。根据《2016中国高校政务新媒体发展报告》统计，截至2016年12月31日，已开通官方微博的高等学校1168个，累计粉丝量2725万，累计发博量310万条。微博成为众多高校新媒体传播的标配。同年，北京电影学院官方微博以2196711的粉丝量，成为内地高校第一官方微博；河南大学以25373条发博量跃居发博量第一的高校；中山大学凭借242个认证账号，成为矩阵搭建最完善的高校。高校官方微博成为学校重要新闻宣传与社交平台之一。

综观高校官方微博发展历程与趋势，可以看出其具有以下几个鲜明的特点。

一是传播影响力日益增大。经过7年建设，高校官方微博在用户以及社会中的信息覆盖程度，发声频次、发博次数都得到显著提高，传播力、影响力、公信力、引导力进一步提升。

二是内容原创作品多。高校是知识生产和传授的地方，也是知识分子高度集中的地方。高校的微博团队通常由高校师生组成，在内容生产上的原创性特点极其明显，而且层次高、质量好，充分反映了各个高校独特的文化积淀、师生思想与精神风貌，以及近年来改革发展的最新成就。

三是用户活跃度高。根据《2016中国高校政务新媒体发展报告》统计，从第一所高校开通官方微博，经过7年的积累，高校官方微博学生用户累计达5200万,精准大学生日活用户达到1350万,高度活跃用户占比70%;在学生社团方面,有3.5万个高校社团进入微博平台组织开展活动。微博成为90后,乃至00后大学生们最重要的自我表达平台之一。

(二)高校官方微博的功能定位

高校官方微博的基本定位即在于分享与沟通,是新时期开展和加强学校宣传思想工作的一个重要平台。

高校官方微博是展示学校形象的重要平台。高校微博发布的信息,内容广泛涉及人才培养、科学研究、社会服务、文化传承创新、国际交流合作等多个方面,是介绍和展示学校办学内容、办学条件、办学成就的"新闻发言人",是培育和强化学校与师生、与社会紧密联系,实现学校与师生、与社会良好互动沟通的有效载体。

高校官方微博是意识形态建设的重要平台。微博以其有趣、接地气的文字、视频、直播等内容呈现形式,对中华优秀传统文化、红色文化和社会主义先进文化进行有效传播,积极传播和弘扬正能量,在潜移默化中引导师生积极践行社会主义核心价值观,完成立德树人根本任务。

高校官方微博是学校舆论引导的重要平台。在高校突发舆情事件处理过程中,借助高校微博短平快的优势,及时把学校官方立场观点、事件进展、真实原因、后续处置等有效信息传递给社会,有效地打造了高校与公众、高校与社会的信息共享、互通对话平台,减少谣言扩散的可能性,为学校处理舆情营造良好的环境。

(三)高校官方微博的发展趋势

微信和QQ空间的使用率优势已经非常明显,与微博已经拉开了差距。随着高校官方微信公众号的开通和迅速壮大，师生和社会对学校宣传平台的关注，正从关注高校官方微博，转向同时关注高校官方微博和官方微信。一些媒体学校官方号的崛起，也相应地分散了受众对官方微博的关注度。尽管如此，相对于目前高校官方微信每天一次的推送限制，某些平台发展时间短、原始粉丝积累少的局限，高校官方微博以长期的用户积累量和无限次发布的频次，为其承担更多宣传任务、扩大用户数量提供了可能。在一定时期内，高校官方微博还将三分天下有其一，作为宣传思想工作的重要阵地和平台而存在。

二、官方微博内容板块设计与有效推送

微博宣传的影响力具有很大弹性，与内容质量高度相关。微博发布的信息吸引力、时效性、新闻性越强，对该微博感兴趣、关注该微博的人数也越多，官方微博的传播影响力就越大。因此，官方微博内容板块的设计、发布时间等都非常关键。

（一）明确做什么类型的微博

有人根据微博发布的内容，将微博分为科教类、军事类、旅游类、情感类、八卦类等不同类型。也有网友根据微博运营目的或者主要特征进行分类，将企业微博细分为互动类微博、品牌推广类微博、内容型微博、业务微博和管理者微博等多种类型。微博类型的不同，决定了其运营的终极目的和具体运营策略的差异。高校官方微博，从内容上来讲属于科教类；从运营目的上来讲，它更像是企业品牌推广类微博、内容型微博和业务型微博的混合体，旨在获得大众参与，获得新的用户、维系老客户活跃度，让更多的学生了解该校进而选择该校，让社会各界更多地参与和支持该校的改革发展。因此，高校官方微博在内容板块设计上和运营方式上也带有混合型的特点。

（二）设计兼顾学校特色和用户需求的内容板块

高校官方微博的受众对象主要包括本校师生、校友，也包括兄弟院校部分师生、社会同行、考生与家长，以及社会上关心教育的各界人士等等。高校官方微博的建设，要认真分析这些用户的基本信息：他们有什么共同特征？喜欢用什么终端上网（手机、电脑）？喜欢在什么时间上网？了解了用户的这些信息，就可以有针对性地对学校官方微博内容板块进行设计。一方面，内容板块设计要凸显学校办学特色，做到与学校办学定位、学科优势、文化积淀等紧密结合，引导官方微博的一些内容成为用户的"阅读习惯"。另一方面，要紧密结合师生和社会的关切，充分考虑用户需求，不断推出新内容。

（三）构建网友喜闻乐见的官方微博话语体系

2013年，习近平总书记在全国宣传思想工作会议上就指出，"很多人特别是年轻人基本不看主流媒体，大部分信息都从网上获取。必须正视这个事实，加大力量投入，尽快掌握这个舆论战场上的主动权，不能被边缘化了。"掌握网上主动权，其中一个重要举措就是要善于运用网言网语，构建适应网络传播的话语体系，做到网友愿意看、容易懂、喜欢转。具体说来，微博语言要反对"党八股"，做到有人情味，注重换位思考，体现与网民互动交流的平等性与友好性；要通俗易懂，做到生动形象、喜闻乐见，以便更好地适应分众化、差异化的传播要求。在呈现形式上，图文音像视频多种选择搭配，须知图片传播速度是文字的 60000 倍，一张好图胜过千言万语。

（四）基于统计分析的定时推送和内容更新频率

学校官方微博的社会关注度与阅读量，与推送的内容密切相关，与推送时间也密切相关。官方微博的推送，既要根据工作需要主动推送，做到设置议题，引导讨论，扩大影响；同时，又要根据网友需要及时推送，做到有问有答，牢固吸粉。学校官方微博可利用黄金时间段，将自己要推送的内容很好地传播出去。近年来，随着大数据的广泛应用，在这种基于用户时间安排的推送之外，又出现了基于用户兴趣的定向推送，将用户喜欢的内容定向推送给该用户。高校官方微博可以学习借鉴这一做法，将推送时间、推送内容与目标人群的特性很好地结合起来，做到有的放矢、恰到好处。至于学校官方微博内容的推送频率，一般每天更新 4-6 条即可；对于热点关注，可以根据用户需求，适当提高内容更新频次。

（五）内容发布审核与留言评论的有效引导

学校官方微博是学校意识形态工作的重要阵地，要严格依法依规运营，严格按照社会主义核心价值观的基本要求，加强内容审核，做到弘扬主旋律、传播正能量。一般来说，官方微博内容的审核分为初审、二审和终审三个层面。初审一般由官方微博值班编辑负责，重点审核官方微博推送内容的准确性、图文匹配度、文字表达有无错误等。二审一般由官方微博总编（指导教师）负责，重点审核内容观点是否符合社会主义核心价值观的基本要求，创意与内容是否存在侵犯知识产权等问题。终审一般由学校新闻宣传部门副职或正职负责，重点把关相关内容与立场是否存在与上级和中央有关精神不一致、与学校党委重大决策不一致的情况，是否会引起校际间的误解等。通过层层审核，把好宣传导向、减少工作失误。

学校官方微博的留言评论，是实现学校与网友、粉丝互动交流的一个重要渠道。官方微博对待网友、粉丝的每一条@，如不转发，至少通过评论回复进行处理；对粉丝的每一条评论，也要尽量给予回复，诚如有些网友所言，"就算是一个微笑的表情，也一如朋友间的问候，而非明星与粉丝之间的仰望"；对粉丝的私信、建议，更要高度重视，给予真诚的回复。对于粉丝不合理的甚至偏激的评论与私信，官方微博运营团队也要保持理性与平和的心态进行回复。当然，对一些观点明显偏颇，或者存在违反党的政策、国家法律、社会伦理的，要通过后台及时调控或删除，必要时关闭评论功能，避免错误观点通过学校微博进行传播。

三、粉丝情感维系与打造良好用户体验

中国特色社会主义进入新时代，社会主要矛盾已经转化为人民日益增长的美好生活需要和不平衡不充分的发展之间的矛盾。具体到高校新闻宣传领域，这一矛盾更多的表现为师生日益增长的对优质信息的需求与不平衡不充分的信息生产之间的矛盾。要推进这一矛盾的解决，我们既要坚持全心全意地拥抱网络，做到内容为王，又要注重用户体验，不断提升用户对学校官方微博等平台的忠诚度，努力培养"铁杆粉丝"。

（一）适应分众化差异化传播的议题设置

自媒体时代的显著特点是信息供给变为海量、分类更加细化，以适应分众化、差异化的传播需求。高校官方微博同样要结合学校

特点和社会热点，及时设置相关议题，来吸引师生和网友关注，传递信息、扩大学校社会影响力。一般而言，高校官方微博议题设置，要在以下几个方面下功夫。

一是特色性。世界上没有两片完全相同的叶子，也没有完全相同的两所高校。要有针对性地凝练、推送本校特色故事，体现自己不同于其他高校的鲜明特色，满足社会猎奇心。

二是文化性。高校与其他行业机构最大的区别在于高校是孕育新知、培育新人的重镇，立德树人是高校立校之本，科学研究、文化传承创新是高校的主要功能，学校官方微博议题设置要充分兼顾这些办学主业和职能。

三是互动性。高校是社会的一个细胞，不能脱离社会大环境。社会热点问题会影响高校，高校官方微博要"活在当下"，及时跟踪社会热点，及时呈现师生反应与观点，做到关键时刻不缺席。

四是实时性。针对网友和社会关注热点，要及时设置相关议题、实时互动。比如，高考季，考生、家长、社会对高校的关注点是招生政策、专业设置、学科水平、录取概率、就业趋势等现实问题，官方微博就要及时设置相关议题进行互动。

（二）借助校内外资源提升粉丝吸纳力度

没有有效流量就没有传播。粉丝数量多少，影响着官方微博内容传播的广度与深度；粉丝的认知水平和兴趣侧重，直接影响着官方微博内容与议题设置的质量与层次。学校官方微博粉丝吸纳，基础是高校自身的社会影响力、办学规模与建校历史，关键在于官方微博议题创意及其与网友需求的契合度。没有好的内容，不会有好的流量。

提升学校官方微博吸粉能力，重点要做好以下几项工作。

一是内容为王。在议题与内容上要有创意和新意,要高度重视师生和社会网友关注。

二是主动推介。借助学校新生报到、毕业典礼、重大学术和文化活动等平台,以及学校网站、宣传画册、会议手册、纪念品等多种载体主动宣传学校官方微博。

三是善于借力。积极参与教育部政务新媒体联盟、省市教育行政部门新媒体活动,入驻"企鹅号""今日头条"等多个平台,形成集聚效应,推动学校官方微博社会影响力的提升。

(三) 通过线上线下互动提升用户忠诚度

有爱的官方微博最受欢迎,也最有发展前景。一方面,学校官方微博要通过积极的网上互动,通过有创意的选题与内容来吸引用户对官方微博的关注,把虚拟空间的凝心聚力工程做好;另一方面,要真诚对待官方微博的每一位用户,用爱心温暖官方微博的粉丝。包括认真倾听用户的意见,认真对待粉丝的每一次@和每一条评论。此外,适度开展线上有奖参与、转发奖励等活动,也能够调动铁粉参与官方微博发展的积极性。此外,官方微博还要适度组织线下活动,通过与网友代表座谈、开展特色活动、组织评选奖励等,实现面对面的互动交流,更好地培养与粉丝之间的感情,形成与用户线上线下两个维度的良好交流。

(四) 有效借助社会力量提升用户美好体验

现代社会的分工越来越细,越来越强调专业化。高校新闻宣传工作需要顺应,也正在顺应这一发展趋势。目前,高校校园网主页的开发建设、舆情监控等各种专业软件开发等等,都积极借助了社会上相关专业机构的力量。学校官方微博要实现更好发展,同样离不开专业机构的支持。无论是视频与动画的制作,还是对用户爱好兴趣与阅读习惯等的大数据分析,以及基于相关大数据分析结果进行的内容定向推送,都是高校官方微博运营团队自身所难以胜任的,越来越需要与专业机构进行深度合作。通过有针对性地购买社会服务,使官方微博内容针对性更强、更接地气,图文设计更加符合审美要求,从而让用户有一种更加美好的阅读体验。

四、微博矩阵建设与构建宣传合力

新闻宣传的最大追求是覆盖尽可能多的受众,使自己的声音能够无处不在。高校官方微博要达到宣传效果的最大化,比较好的组织结构就是矩阵结构,即在一个校级官方微博品牌之下,由二级单位(院系、机关部处和校内群团组织)开设多个不同功能定位的微博,与各个层次的网友进行沟通,形成强大宣传合力,达到全方位塑造学校品牌的目的。

(一)建设校内新媒体联盟,打造官方微博矩阵

众所周知,网络传播的突出特点就是"集群效应",大家一起说比"独角戏"更具影响力。要实现集群效应,一方面,要建设好校级层面的官方微博,对院系等二级单位的微博进行方向、内容和方法等的示范引领;另一方面,支持学校院系和机关部处等二级单位在新浪、腾讯、搜狐等多门户微博平台布点,通过各具特色的功能定位,吸引不同网友,实现布点、连线、成面,最大限度聚合微博领域中的目标受众。在此基础上,成立由学校新闻宣传部门领导的新媒体联盟。通过制定学校新媒体联盟章程,明确各成员单位的责权利,举办新媒体运营团队培训,开展有吸引力的联盟活动等,来

推进协同合作，形成传播合力。学校新闻宣传部门要对新媒体联盟进行一体化管理，通过统一宣传口径、宣传节奏，借助矩阵的共振效应，达到一个声音对外的效果。通过学校新闻内容生产与相关资源的共建共享，实现内容制作成本的最小化和传播效益的最大化。通过重大活动集体发声，尤其是在面对各类突发舆情处置时，能够及时联动，多角度补台，构建解疑释惑、维护学校公信力和社会美誉度的强大合力。

（二）融媒体中心的建设与中央厨房

高校的媒体平台比较健全，一般包括传统的纸质校报、电视台和介入新旧媒体之间的新闻网，也包括新媒体的微博、微信和客户端等"两微一端"平台。从传播速度和效果来讲，传统媒体作用呈现衰减趋势。必须对各个平台现有人员进行优化重组，对平台业务进行调整转型，实现传统媒体与新媒体的高度融合。在组织架构上，打破传统的校报编辑部、电视台、新媒体中心等条块分割设置模式，改为按照新闻宣传内容的生产流程进行再分工，建立包括选题策划中心、图文视频采编中心、终端发布中心等在内的组织架构，辅之以项目负责人制，消除融媒体中心建设的机构壁垒和技术壁垒。另外，在功能定位上，对传统媒体的内容侧重进行相应调整，消除相关人员职业发展的后顾之忧。

比如，对于校报不仅要从纸质报刊向纸版、电子版并行的模式转变，更要在内容侧重上向思想理论探索、重大新闻的深度解读、校园文化建设转型。对于电视台，既要保留其重大活动图像视频资料拍摄、制作与存档的重要功能，又要及时调整其学校新闻宣传的侧重，向短视频拍摄、纪录片制作等转型，为官微宣传提供优质图像视频素材。通过组织架构的重设和功能定位的再造，实现真正的统一策划、集体备料、根据不同媒体平台特点对原材料进行二次加工推出的变革，将中央厨房的理念落到实处。

（三）加强与网络大 V 和专业研究机构的合作

网络大 V，一般是指在微博上十分活跃、"粉丝"在 50 万以上的"公众人物"。这些网络大 V 大多在一定领域具有较高的知名度，是众多普通微博用户追捧的对象，在微博传播中有着十分重要的影响。高校官方微博要善于与网络大 V 合作，更好地促进学校新闻宣传工作。

从有关统计来看，不少高校知名专家就是网络大 V，这为学校官方微博发展提供了很好的合作契机。学校官方微博既要积极学习借鉴这些大 V 运营微博的经验，有意识地编发这些大 V 的教学科研成果、针对重大事件或热点问题的观点，吸引社会关注。同时，主动与这些网络大 V 合作策划一些有意义的选题，直接或间接向其推送相关内容，借助其微博和粉丝转发实现学校重要信息的更广传播。在与大 V 合作的同时，更要加强与教育行政部门和舆情监控部门的合作。通过参与教育部政务新媒体联盟、所在省（直辖市、自治区）教育行政部门成立的教育新媒体联盟等地方性媒体矩阵，扩大学校对外宣传的影响力。加强与一些公司微博运营管理团队合作，以及与舆情分析研究机构的业务合作，对官方微博发文的质量与排名、代表作进行横向比较，借助其大数据分析，进行有针对性的改进。

五、微博运营团队培育与能力提升

学校官方微博要充分发挥作用，离不开一支高素质的微博运营团队。目前，高校一般采用教师与学生混搭模式组建官方微博运营团队，其规模从一至十几人不等。官方微博运营团队建设是高校新闻宣传部门的重要工作之一。

（一）打造集兴趣、责任和技能于一体的官微团队

习近平总书记指出，做好党的新闻舆论工作，要牢牢坚持党性原则，牢牢坚持马克思主义新闻观，牢牢坚持正确舆论导向，牢牢坚持正面宣传为主。学校官方微博作为学校宣传思想工作的重要平台，需要一个坚持马克思主义新闻观、热爱新闻宣传、了解新媒体运营规律的编辑团队来进行运营。

一般来说，由于高校新闻宣传部门的编制数量有限，高校官方微博运营团队都相对精干，一般规模在4-10人左右。这其中至少包括四类岗位。

一是总编岗1人，这个岗位原则上由新闻宣传部门的在职教师或部门负责人担任，负责把好学校官方微博发展方向、规划阶段性选题、统筹学校新媒体联盟的相关活动等，在业务上直接接受学校新闻宣传部门负责人领导。这个岗位的人选条件是：在宣传导向上坚定不移，与中央大政方针保持高度一致，与学校党委重大决策保持高度一致。而且要有高度的新闻敏感性，能够有效地寻找媒体热点、网友关注点，及时跟进；对教育部和省市教育行政部门官微、兄弟高校官方微博推出的创意性活动，能够及时学习借鉴消化、指导跟进创新。

二是文字编辑岗1-4人，由对网络社交充满兴趣，善于捕捉微博热点，了解粉丝喜好的青年教师和学生组成。编辑组的师生要具有重大宣传活动的策划能力，能够站在学校层面、社会高度，围绕学校办学主业，尤其是师生和网友关注的热点问题、特定问题，及时进行专题策划，迅速搜集材料进行编排、推送。编辑岗人选条件

之一就是要有娴熟高超的文字驾驭与表达能力，而且了解"咆哮体""忍够体""十年体"等与时俱进的网络文体，善于将官方微博宣传内容与网络文体有机结合，做到水乳交融。要有广泛的爱好兴趣，不求深专但求广博，能够与网友在一个层面上进行交流；要有健康向上的积极心态、饱满的热情，能够理性平和地和各类粉丝进行互动交流。

三是摄影摄像与直播岗1人。既为官方微博摄制精美的各类题材照片、视频，丰富官方微博的传播内容与形式，又满足日益增长、蓬勃发展的直播需求。

四是美工岗1-2人。官方微博的呈现，包括图文、视频等多种形式。需要小编团队具有熟练使用各种图文视频等处理软件的能力，如"美图秀秀"、Photoshop、"会声会影"之类。当然，具有一定的美术功底和审美特长更好。

除了以上四类岗位之外，有条件的高校官方微博还设有理论研究岗、数据分析岗等，对国内外高校官方微博、其他行业官方微博的内容、粉丝、传播力等等进行深入研究，做到知己知彼、把握趋势、引领发展。

无论是官方微博的哪个岗位，相关人员都需要有敬业精神和责任心，要做得了设计，写得了文案，抓得住热点，谈得了时事，发得了内容，回得了评论。

（二）推进专兼职结合的网评员队伍建设

网评员是做好学校官方微博管理工作的一支生力军。无论是对舆论导向的正面引导，与网友评论的互动交流，还是对错误观点针锋相对的批驳，都需要一支高素质的网评员队伍。学校官方微博的网评员建设一般采用专兼职结合的方式来进行。专职网评员，以学校宣传部门工作人员,尤其是官方微博运营团队的编辑为主。兼职网评员,以学校中层干部、院系级党委的宣传委员、思政课教师与对新闻宣传工作感兴趣的专业课教师、学生干部和校友等担任。

无论是专职还是兼职,网评员都要有敏锐的洞察力、较强的理论功底和良好的沟通表达能力,善于透过现象看本质,能够识破各种"高级黑",能够预见并预警潜在的舆情风险。

网评员要有较好的情绪控制能力。网评员代表着学校形象,务必谨言慎行,理性、平和地与网友进行沟通交流,且不可意气行事,更不可与网友"互撕",否则会对官方微博、对学校正面形象带来极大伤害。

网评员要有责任心。遇到网友反映师生问题线索、举报不合理现象等的留言、评论或私信,要及时向学校新闻宣传部门领导汇报,并及时向网友通报进展情况,既让网友感受到官方微博对自己的尊重,又借舆论监督及时排除存在的问题隐患。

(三)健全团队培训与考核激励制度

任何一个新媒体运营团队,要做到充满创造力、不落伍,都必须保持不断的学习。为提升学校官方微博团队运营新媒体的能力,需要有针对性地对其成员进行培训。这既包括政策理论的专题培训,更包括新媒体选题策划、内容编发、网友互动等方面的技能培训。既包括"请进来"——邀请校外媒体专家、兄弟高校新媒体运维团队骨干等来校举办专题报告,也包括"走出去"——选派微博运营团队骨干参加相关培训班、参加有关实训班,以及赴社会媒体、兄弟高校宣传部门等机构调研等。通过培训,帮助团队成员开阔视野、启迪思路、搭建同行工作经验交流平台与朋友圈,提升学校官方微博建设的质量。

在培训提升团队运营新媒体的能力的同时，需要建立一套公正合理的考核与奖惩制度，以此保证学校官方微博创新不断、新意迭出。基于推送内容的原创性、阅读量、点赞量和转发量等客观标准，建立一个传播影响力评估指标体系，对传播效果较好的内容编辑团队进行适度物质奖励。积极参与教育部、省市教育主管部门、相关新闻传播研究会、社会媒体组织的年度评优，为学校官方微博运营团队争取社会认可、同行认可，进一步激发其工作积极性。

微信公众号的迅猛发展为高校提供了新的宣传媒介。高校微信公众号成为校园内最活跃的新媒体传播平台之一。在高校微信公众号的运营与管理中,要抓好制度建设,形成长效机制;打造专业运营队伍,稳定运营风格;用好"微"渠道,引导校园舆论;坚持原创,做深阅读、精阅读;开拓平台功能,提供个性服务;加强互动,提高用户黏性。要正确看待微信公众号的危机,积极地采取应对策略。

第十章 高校微信公众号的运营与管理

腾讯公司在2011年1月21日推出了一款新生的社交工具——微信（Wechat）。2012年8月，基于微信"即时通讯"的核心功能，腾讯公司又创新性的推出了一个新的功能模块——微信公众号。截至2017年底，微信公众号数量已经超过2000万。

微信公众号的迅猛发展和普及为高校开辟了宣传新渠道。当前高校官方微信公众号已经超越校报、新闻网站等传统媒体，成为校园内最活跃的新媒体传播平台之一。这同时也对高校宣传工作者提出了新要求。要全面了解和掌握微信公众号基本知识、高校官方微信公众号运营策略和面临的危机等，强化高校官方微信公众号运营与管理。

一、微信公众号概述

微信公众号是腾讯在2012年8月推出的，给个人、企业和组织提供业务服务与用户管理的服务平台，利用微信公众号，用户可以享受消息推送、信息分享、二维码订阅等个性化服务。其早期曾命名为官号平台和媒体平台，最终定位为公众号。

微信公众号是腾讯公司在微信的基础上新增的功能模块，通过这一平台，个人和企业都可以打造一个微信的公众号，并实现和特定群体的文字、图片、语音的全方位沟通、互动。

互联网事业的不断发展改变着人们的生活方式和交往方式，尤其是人与人、人与物之间的信息交流模式和意识形态等均有改善。微信公众号出现之前，高校的新闻宣传工作主要依托于校园网站、报纸和广播等传统媒体，这些传统媒体大多属于"一对多"的单向传播模式，互动性较弱，用户能够接收到什么，主要取决于发布者的收集能力和处理能力。而微信公众号具有较强的社交性、多样性和实时性等特征，在具体的应用中，微信公众号能够以"点对点"的方式对信息进行同步传播、覆盖传播、及时传播。微信公众号能够充分调动受众的参与性、互动性，为受众提供主动参与新闻传播、表达个人观点的途径。

（一）微信公众号的分类

微信公众号可以细分为服务号、订阅号和企业微信（原企业号），种类不同，其侧重功能也有相应的差异。

服务号彰显服务品质。顾名思义，服务号可以为用户提供更加强大的业务服务和粉丝管理能力，但是在信息推送上有所不足，一个月内只能向粉丝群发四次信息，其发送的信息会显示在粉丝的聊天列表中，而且在消息发送出去之后，粉丝会即时收到消息提醒。概括来说，服务号彰显的是平台的服务品质，在信息群发上虽然受到限制，但是却能让粉丝实现即时阅读。

订阅号侧重信息发布。订阅号对企业、商家、组织以及个人而言，自媒体属性更加强烈。其可以为企业、商家、组织、媒体、个人提供一种新的信息传播方式，构建企业、商家、组织、媒体、个人和粉丝之间顺畅沟通和管理的模式。更重要的是，订阅号每天都可以向粉丝发群发信息，在信息传播方面体现出更大的价值。需要注意的是，订阅号在用户的通讯录中被放置于订阅号折叠页中，其向用户发送信息后，用户也不会即时收到信息提醒。

企业微信为企业提供移动应用入口。企业微信是微信专门为企业客户提供的移动服务平台，其目的是为企业提供移动应用入口。企业号可以帮助企业建立员工、上下游供应链与企业 IT 系统间的连接。利用企业微信，企业或者第三方服务商可以快速、低成本地实现高质量的企业移动轻应用，实现生产、管理、协作、运营的移动化。

（二）微信公众号的优势

庞大的用户群。据腾讯企鹅智酷发布的《2017 微信用户 & 生态研究报告》显示，截至 2016 年 12 月，微信及 WeChat 合并月活跃用户数达 8.89 亿，而公众号作为微信的主要服务之一，近八成微信用户关注了公众号。根据《2015 年微信平台数据研究报告》显示，近一半的微信用户群体低于 26 岁，近九成低于 36 岁。18 岁～35 岁中青年为微信用户的主要群体，比例高达 86.2%。微信公众号符合青年学生群体的消费理念、生活方式、交流习惯和渠道等而深受年轻学生追捧。

较高的信息送达率和有效传播率。微信公众号是"点对点"的传播方式，公众号的运营者可直接将信息推送到订阅者的微信终端，正常情况下，其送达率能达到 100%。微信的传播模式是一种基于社交网络的人际传播，好友间的信任度较高，因此，微信图文信息的转发和阅读是一种可以被信任的行为，这从另一个侧面提高了图文信息被阅读的可能性，提高了传播效力。对于高校来说，微信公众号缩减了师生获取信息的时间，加快了信息传播的速度，弥补了已有校园媒体的诸多不足，如校园网站的新闻审核流程复杂、更新速度较慢，校报的出版周期长、出版数量有限等。高校通过微信公众号能够实现"全天候"式的新闻宣传，使信息发布者与接受者都能不受时间和空间的限制，在第一时间发布学校最新资讯，了解学校最新动态。

强大的互动性和较高的参与度。微信公众号作为微信的一个功能模块，具备其他传统媒介无法比拟的互动性。微信公众号向用户定期推送信息，其呈现方式包括文字、图片、语音、视频和图文消息等等，这样富于内容和形式的传播方式，更能吸引用户的注意力。如果用户觉得微信公众号推送的是优质内容，他们还会通过朋友圈的转发功能或发送至聊天页面的功能将内容分享给特定好友或所有好友，促进优质内容的二次传播。微信公众号还可以实现平台与个人之间的私密性交流，如用户可以在信息发布之后进行评论，或者可以采取私信的方式表达自己的观点。例如高校官方微信公众号可以根据学校师生的留言，在第一时间对师生的思想状况进行"把脉"，同时吸收师生富有建设性的意见和建议，不断改进自身管理，真正实现高校管理者和普通师生员工之间有效的互动沟通，让普通师生员工参与到学校的管理、建设与发展中。

二、高校官方微信公众号的运营

当前，微信公众号已成为高校重要的宣传阵地。面对新的形势，面对有限的资源，高校应该如何有效利用微信公众号进行宣传？如何利用微信公众号做出让师生喜爱的"美味大餐"？这些都是高校官方微信公众号运营者所要思考的问题。笔者结合自己多年的运营经验和其他高校的运营案例，探讨高校微信公众号的运营策略。

（一）定位精准

在营销学中，定位是指如何让你在潜在客户的心智中与众不同。

富有特色且适合自身的定位，可以让微信公众号在受众心目中建立明显的识别度，增强其不可替代性。和做产品一样，高校官方微信公众号也需要有清晰的定位。

1. 微信公众号要有调性

所谓微信公众号的调性，其实就是一个公众号长期的、稳定的、统一的风格。这种风格最终达到的目的是让微信公众号具有形象识别度，能够让用户能够快速、准确的知道微信公众号会使用什么样的语言、配图、排版，并形成认知。优秀的微信公众号都有自己独特的调性。

例如，武汉大学将官方微信公众号拟人化，结合校园标志性的地点珞珈山，创造出"珞珞"与"珈珈"两个可爱的卡通人物形象，使得官微具有很强的人情味。华中师大官方微信公众号塑造了华小诗这一人物形象，并赋予其暖萌、热情的性格特征，在平时的推送和后台互动中都以"小诗"自称，拉近了官微和用户的距离。西南交通大学官方微信公众号结合学校特色打造的"火车侠"家族成为传播校园文化的有力武器。

那么如何形成高校官方微信公众号的调性呢？首先要做的就是对官微进行定位，高校微信公众号的定位可以分成三个维度：自我定位、受众定位、比较定位。

自我定位，是指高校官方微信公众号设立的目标是什么？发布的内容是什么？除了官方微信，学校的二级学院、学生会、机关等都开通了微信公众号。在一大批同质公众号中，官方微信出奇制胜的关键在于找准自己的定位。

受众定位，是指高校官方微信公众号要明确自己的受众群体。一般来说高校官方微信公众号的受众为在校学生、学生家长、校友以及其他对学校感兴趣的人，其中在校学生占绝大比例。

比较定位，是指与其他高校的官方微信公众号进行比较，发现自身缺陷，查漏补缺。

总结起来，高校官方微信公众号可定位为：基于高校文化的"宣传中心"、基于在校师生获取资讯的"信息中心"、基于在校生与毕业校友互动的"交流中心"、基于招生宣传的"服务中心"、基于学院风貌展示的"形象中心"、基于深入大学生日常生活的"娱乐中心"等。高校官方微信公众号永远不要埋头去寻找自己的调性，调性需要一个长期的塑造过程，不可能一蹴而就。

2. 做出精准的用户画像

高校官方微信公众号的推送内容能够契合用户需求的前提，是建立在运营者充分了解平台用户特点的基础上，这就需要做用户画像。用户画像是从真实的用户行为中抽象出来的典型用户模型，其核心在于给用户"打标签"，每一个标签通常是人为规定的特征标识，用高度精练的特征描述一类人，例如年龄、性别、兴趣偏好等，不同的标签通过结构化的数据体系整合，就可组合出不同的用户画像。

高校官方微信公众号的运营者可以根据微信公众平台提供的用户分析功能，分析出用户的属性，例如性别分布、省份分布、城市分布等，根据这些数据总结出用户的显性特征，构建初步的用户画像。然后再根据不同类型推送的阅读量、转发量和阅读时间来分析粉丝群体的阅读喜好，进一步挖掘出用户关注微信公众号的目的、偏好和需求等隐性特征。在构建出具体用户画像之后，我们可以针对用户画像的结论来提出具体的运营建议和思路。

（二）内容为王

无论采用哪种传播方式，真正能吸引读者的归根结底还是内容。

高校官方微信公众号推送的内容一定要贴近师生员工、贴近校园生活，不能把微信公众号当作传统媒体的转发平台，我们要根据用户的特点和阅读习惯来进行内容创作，做到推送的内容要么写进用户心里，要么写进用户脑海里。

1. 让每一次阅读都有价值

相比于自媒体，高校官方微信公众号不具有任何商业性质，无法通过商业活动来提高内容的传播力。对于高校官方微信公众号来说，内容的质量直接决定着传播力。目前，高校官方微信公众号大多属于认证的订阅号，每天只能群发一次消息（华中科技大学例外，其一天可以发多次）。为了让这仅有的一次群发机会发挥最大的效能，有的高校官方微信公众号采取走"量"的策略，每次推送3到4条，甚至是6到7条消息。但由于运营者精力有限，无法做到让每一条信息都有极高的质量，而且用户普遍是碎片化地阅读，并不会每一条都打开，这样内容的阅读量和转发量自然就很少。更多时候，这种走"量"的策略，使得内容之间互相竞争，传播力被互相消解。因此，高校官方微信公众号应该坚持走"质"的策略，将内容做精做深，宁缺毋滥，让用户的每一次阅读都有价值。

2. 把内容做成不可替代的服务

单就内容而言，当前高校官方微信公众号同质化现象比较严重，但是服务的替代门槛是相对比较高的，所以做内容时，怎么做出内容的价值很重要。微信公众号的运营者很容易形成一种思维局限，总希望把文章写出态度，排版精美，然后再想一个好的标题。但是，微信是一个信息爆炸和筛选激发的平台，有时候怎么把事情说明白比怎么把事情说漂亮更能打动用户。说明白事情的同时，对内容做持续加工、聚合、产品化，这样将会让内容进化成不可替代的服务。

做微信公众号内容的过程，就是不断去挖掘内容经过产品化之后可以发挥出怎样的价值。内容做集合产品化可以提供给用户信息获取价值，内容做观点聚合产品化可以提供给用户信息教育价值。用产品的思维去做微信公众号的内容，需要从用户的角度出发，考虑用户长期以来的向往、依赖和心情，设计出适合长期进行的内容。从单个内容到规模内容，都需要不断形成差异化的价值，逐步打造出具备核心竞争力的高校官方微信公众号内容体系。

3. "小而美"是发展趋势

"小而美"的观念，起源于马云先生在2009年APEC峰会上《未来世界，因小而美》的演讲，在近年来的研究实践中不断充实，逐步完善。"小而美"论其本质，是某种意义上的生态多样化和可持续发展，它的核心在于对用户需求的更大满足。

新媒体时代的本质是去中心化。在微信公众号已成"红海"的情况下，想要把各类用户"一网打尽"的想法是不现实的，"专业""深入"对于高校官方微信公众号来说更加重要。粉丝数、阅读量不是衡量微信公众号影响力的绝对标准，一个有价值、高质量、关注点鲜明的忠实粉丝，胜过100个参与度不高、兴趣点不集中的普通粉丝。体态"小而美"的微信公众号是未来的发展趋势。

对于高校微信公众号来说，"小"不是让用户群体变小，而是细分用户需求，满足师生校友认同的需求；"美"是细节之处让用户感动，用走心的内容引发大家的情感共鸣；从大规模、普适性到聚焦用户个体，个性化、人性化的回归，满足碎片化的需求。南京艺术学院官方微信公众号就是"小而美"的范例。南京艺术学院官方微信公众号将自身定位为"有温度的文化艺术平台"，主动把学校融入于南京这座城市，聚焦关注文化艺术这一群体，每周收集发布在南京举办的文化艺术展信息,通过细分用户,无形之中扩展了自己的服务对象。他们把镜头对准普通师生,用细腻而柔软的内心发掘那些感人的故事,每一期内容图文素材都非常丰富,排版风格统一,给人以美的享受。

(三)提炼标题

标题是一篇文章的"眼睛",对于传统媒体而言,标题起到提示阅读、美化版面的作用,不是吸引阅读的关键性因素。而对于微信公众号来说,标题是决定一篇内容传播量的关键,高校官方微信公众号同样如此,高校官方微信公众号最大的用户群体是在校生,他们只会关注自己感兴趣的内容,如何提炼一个标题,让用户对内容产生好奇心或者兴趣显得尤为重要。

1. 标题的两个基本维度

标题有两个基本的维度,一个是纵向的字词,一个是横向的结构。如下图所示:

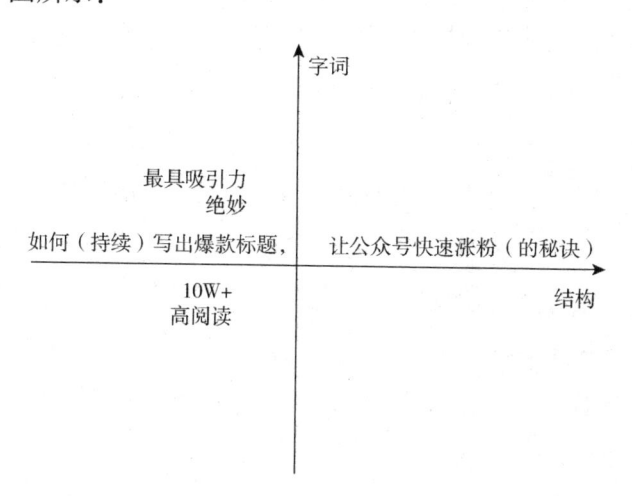

图 10-1 标题的坐标系

以坐标系中的那句话为例，我们可以替换某一个具体字词，比如爆款可以改成：最具吸引力、绝妙、10W+、高阅读的……也可以改变句子的结构或字词顺序，比如在前半句添加一个"持续"，后半句添加一个"的秘诀"，也可以将这两句话颠倒：公众号快速涨粉的秘诀，如何持续写出爆款标题。下面从这两个维度出发，来看看相关的技巧。

（1）字词

数字。在一个标题中，用户最先看到的一定是数字。这是因为数字的表达方式不同于汉字，大脑会优先识别出来。所以在标题中使用数字，能够帮标题增加辨识度。

关键词。关键词是一个标题最能吸引眼球的要点，一般来说关键词越多，越准确，越能吸引用户点击。

（2）结构

长度。标题越长，传递的信息越多；标题越短，传播成本也就越低。标题的具体长度要根据实际情况来考虑。但一般来说不要超过32个字，否则在朋友圈中就无法完整显示出来。另外，在订阅号的会话列表中，标题被折叠的更厉害，只能看到前面的十几个字，如果标题较长，那么就需要进行"要点前置"，把最能吸引人的点放在前面，确保用户能够在第一时间看到。

前缀。在标题前使用竖线或其它符号来间隔一个词语。这种模式叫作标题前缀。内容既可以是备注，也可以是栏目名，其最主要的作用就是对推送内容归类或者对标题进行解释和补充。

2. 标题的两个关键指标

在微信公众平台中，衡量一个标题好坏的指标有两个：打开率和传播率。打开率就是一个人在看到这个标题后，会不会被吸引去点击。传播率就是一个人在看完文章后，愿不愿意去分享这篇文章。当然，影响传播率的还有文章质量，但标题也有很大相关性。至于打开率，对于微信公众号来说，几乎完全取决于标题。

（1）打开率。在打开率面前，有三座大山：碎片化、折叠化、同质化。

碎片化。用户普遍习惯利用碎片化的时间浏览微信文章，可能是课间休息、食堂吃饭、上厕所、等电梯的时候，微信公众号内容一划而过，3到5分钟的阅读时间已是极限。

折叠化。所有的订阅号都被折叠到订阅号栏目内，一个微信公众号推送后标题会显示在订阅号的会话列表，在用户的手机上只有几分钟甚至几十秒的生存时间，随后就被其他微信公众号的推送内容所覆盖。

同质化。随着师生对微信公众号的逐渐了解和认可，高校的微信公众平台数量快速增长，除了学校的官方微信公众号以外，一些部门、学院、团委、社团组织，甚至师生个人也都开通各自的微信公众号。往往同一件事，学校官微、各学院微信、团委微信、社团组织微信等发布的图文信息内容十分相似，例如军训、开学季等，这一定程度上降低了官微的关注度和认可度。

碎片化、折叠化和同质化这三座大山，催生了"标题3秒法则"：如果一个标题不能在3秒内吸引用户点开，那么它将永远没有上场的机会。但是高校官方微信公众号不能一味只求打开率而成为"标题党"，"标题党"短期内可能会提高内容的阅读量，但从长远看，却不是一种可持续性的运营模式，一旦欺骗性内容遍地导致用户产生抵触心理之后，将弱化高校官方微信公众号内容的传播力和公信力。

(2) 传播率

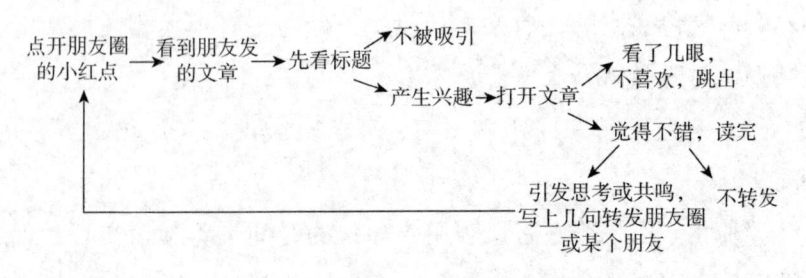

图 10-2 微信公众号内容的传播链

从微信公众号内容的传播链中，我们可以很清晰地看出，如果没有转发（传播率），就没有阅读。所以，有时候即使文章质量非常高，读者很忠诚，但涨粉却仍旧很困难。这就是内容只有打开率，却没有传播率的典型案例。标题决定打开率，内容决定转发率，高校微信公众号在制作内容的时候，一定要兼顾点击和分享。

3. 标题的三个经典技巧

(1) 代入感

人们喜欢一切跟自己有关的事物。所以标题的一个技巧就是让读者"代入"进去，"以为"跟自己有关。要与他的经历、情感有关，与他的所见所闻、行为动作有关，表达得越逼真，用户就越能将自己"代入"，应注意以下几点。

平视用户。想让用户把自己"代入"进去，首要的就是要用平等的口吻和用户对话，对那些想要凌驾于用户之上的事物，他们天然会产生警觉。

寻找共鸣。寻找共鸣点，可以是和读者相同的身份、相同的情感经历、共同关注的话题等等，这是增加代入感最快的方式。

场景细节。提供足够多的细节描述，能够增强读者对文章的画面感，这样读者才能感同身受。

人群标签。人群标签可以利用的有很多，例如职业、学校、年龄、性别、爱好等等。使用这些特定的人物标签，能够更加清晰地传递文章想要表达的内容，方便读者对内容进行预判。

(2) 激发好奇心

人们对某些事情产生好奇心后，就想知道答案。这种相同的心理也适用于标题。一个精心构筑的标题能够激起足够的好奇心，从而激发读者继续阅读。

急迫感。急迫感相当于给读者一个立即采取行动的理由，可以在写标题时加入时间元素，借此塑造迫在眉睫的感觉。

戏剧化。戏剧化的核心，就是制造矛盾，制造冲突，制造反差。矛盾是构成戏剧化的源泉。一部电影的展开，通常就是不断出现矛盾，化解矛盾，又出现新的矛盾，继而化解新的矛盾的过程。

延迟满足。当激发对方的好奇心之后，不立即揭示答案，而是启动一个看上去不直接相关的话题。在标题中的表现就是，激发好奇心，但却不揭示答案，故意遗漏一部分信息，吸引用户点开文章。

(3) 引发情绪

在标题中巧妙地插上能够勾起用户情绪的一类词语，例如重磅、厉害了、祝贺、喜讯、骄傲等等，以这些带有强烈感情色彩的词语，引发读者或高兴或自豪的情感，最后促成想要一探究竟的点击行为。

(四) 转换话风

不同于传统媒体的严谨与专业，高校官方微信公众号的语言应贴近大学生生活，用大学生能够接受和认可的语言来发出声音。引用网络流行语，结合当下发生的时政热点，嬉笑怒骂，自嘲、玩笑和贫嘴等语言风格更加受到大学生的欢迎。

1. 当好一名"翻译官"

新媒体时代碎片化的信息传播方式以及海量的信息冲击，促使高校官方微信公众号转变传统媒体中信息发布严肃、呆板的内容模式，转为根据广大师生的阅读习惯和阅读需求，制作并推送真正能吸引读者的内容。这就要求高校官方微信公众号不能将网页报道原封不动地复制，而是要根据微信公众平台的特点与读者的阅读习惯，扮演好一名"翻译官"的角色，以同龄人的视角，使用接地气的话语风格和新媒体技术手段，将各种枯燥的"原始材料"做成内容丰富、形式多样、广受师生喜爱的"美味大餐"，从而拉近和广大师生之间的距离。

2. 低平视角看世界

高校官方微信公众号本身带有"官方"属性，在用户的第一印象里，官方媒体传递的信息都是较为严肃的，和自己有着天然的距离。在新媒体环境下，"官微"的"官方"属性应该是对自身更高的要求：发布的信息准确、权威。周善培曾对梁启超说，做文章有两个境界，第一个是能动人，第二个是能留人。感人心者，莫先乎情。"官微"发布的内容要想能动人、留人，就必须俯下身子，和用户平等交流。用低平视角来看世界，用"大众话"来化大众，用心挖掘最具感召力、最具鲜活度、最能产生共鸣的故事，和风细雨，绵绵用力，这样才能把官微的"官气"转化成"人气"。

（五）读懂用户

师生是高校官方微信公众号的主要受众，因此高校官方微信公众号推送的信息一定要立足师生，以师生的需求为出发点，尽可能贴近师生生活，满足师生的工作、学习和生活需求。要了解师生的需求，我们就必须先读懂他们的内心。

1. 透过数据全面了解你的用户

微信公众号后台的数据分析是非常直接的切入点，也是最为有效的，这些数据包括：粉丝地区分布（热点有时会与地域相关）、使用设备分布（与内容显示效果相关，包括图文、H5等）、男女比例分布（与内容调性、风格相关）。利用这些数据可以形成一个较为准确的用户自画像。

对于用户特征的整体把握，以月或者周为单位进行文章阅读量趋势分析，这对于了解用户是至关重要的，微信公众号的运营者可以通过这些数据了解用户对哪些文章更感兴趣，以此来调整今后的运营方向。

不定期做用户调研。目前有很多在线的调研工具对移动端支持都非常好，有时候不一定要通过开展丰富多彩的活动来了解用户，一个简单的用户调研就可以收集到很多有价值的信息，这样的活动如果设计合理，将会降低用户参与的门槛，用户也不会产生厌烦情绪。

2. 用户质量比数量更重要

粉丝数量是每一个高校官方微信公众号运营者首要关注的问题，如果没有一定的粉丝基数，那么发布的信息也只能是自说自话。但是，一味地追求粉丝数量也是不可取的。例如，有些高校为了增加粉丝的数量，经常进行投票活动，投票期间平台的粉丝会出现较大幅度的增长，一旦投票结束后，就会出现之前靠投票吸引过来的粉丝大量取关的情况，留存下来的这部分粉丝，有很多和平台不相干，最后成为僵尸粉，所以粉丝的质量要比数量更重要。

高质量的用户，不仅会经常打开微信内容，还会经常和平台互动，从而带动其他用户讨论和互动，并且最重要的是，能够为官微运营者提供中肯的意见和建议，帮助官微不断提升内容品质和服务。具有主人翁精神的粉丝，是最好的核心粉丝。相反，低质量的用户引进得越多，不仅不利于微信内容的传播，还会影响运营者对平台用户的判断，以至于制定错误的运营策略。

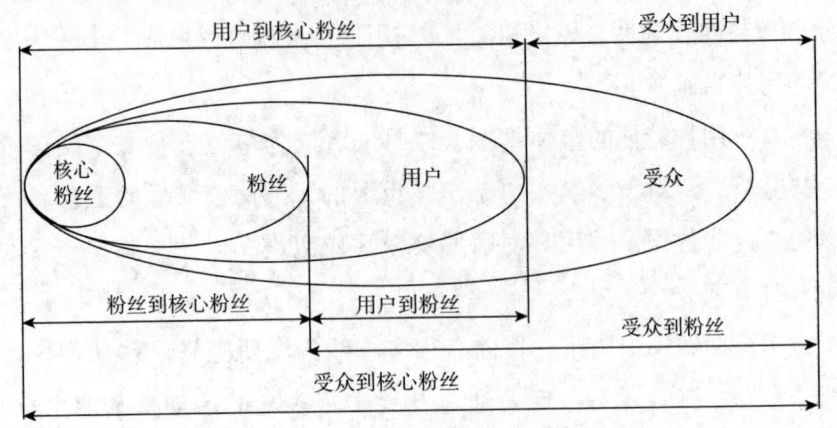

图 10－3　用户进化历程

如图 10－3 所示，从受众发展成为核心粉丝是需要经历一个过程的，高校官方微信公众号的运营者需要清楚用户进化的不同阶段，把握各类吸粉活动的尺度，下大力气培养核心粉丝群，依靠核心粉丝的口碑推广能够带来更多的用户。

三、高校官方微信公众号的管理

当前，校园内越来越多的部门将微信公众号作为部门工作的一个平台，直接的结果就是校内微信公众号遍地开花，这种情况有利于信息传播的联动效应，但是却分散了受众，同时多部门管理加大了管理难度。在此背景下高校可从三方面着手加强管理。

(一)抓好制度建设,形成长效机制

制定校内微信公众号管理制度。高校需对校内微信公众号实施网络审查和监管,建立健全相关奖惩制度。由于媒体传播速度较快,为防止有损国家、社会形象等不良信息的产生,高校可以成立新媒体内容监管机构,引入微信公众号管理系统,将校内微信公众号授权接入,实时地对各个微信公众号发布的内容进行监管,对于相关社会热点话题、校内事件要积极引导舆论走向,通过对微信推送议程设置来营造良好的校园传播环境,同时也需要注重高校自身形象保护。成立校内新媒体联盟,通过与各个部门、学院、社团微信公众号建立联盟,从而整合媒体信息资源,在形成良好互动的同时,促进资源共享,扩大高校媒体平台影响力,提高学校官微的权威性。

建立微信公众号备案制度。高校内的微信公众号应由学校宣传部门牵头统一管理,所有的二级微信号都需积极主动地向高校官方微信公众号报送最新消息,树立高校官方微信公众号作为高校最官方和最权威消息查询入口和发布出口的地位。例如,中国海洋大学在成立校内新媒体联盟的基础上,建立了校内微信公众平台审核备案制度,一方面对学校各部门、学院、学生社团和影响力较大的师生个人开设的新媒体账号进行了调研和梳理,将每个新媒体账号的负责人、联系方式、发展定位、上级单位、指导老师等信息进行登记,建立了新媒体账号数据库;另一方面,不论是二级学院、职能部门还是学生组织和社团,只要是申请和运营的公众号需要进行"中国海洋大学"主体认证或者注册微信公众号带有"中国海洋大学""中国海大""海大"等词汇都需经宣传部进行审核和备案。

(二)打造专业运营队伍,稳定运营风格

由于运营管理微信公众号的工作量非常大,要做好高校官方微信公众号的运营管理，仅依靠老师是不够也不现实的。借助学生力量，组建一支懂业务有热情的学生团队，是解决现阶段官微人力不足的有效方式。

做好运营队伍的选拔和培训。建立优秀稳定的微信运营队伍是打造优秀微信公众号的前提，通过公开选拔优秀学生组成运营团队，并由经验丰富的指导教师亲自进行指导。运营主体需要明确团队分工，如在选题策划、信息采集、文案撰写、技术开发、设计排版和摄影摄像等方面配备相应核心力量。学校同时需要营造良好的媒体运营交流氛围，积极开展相关技能培训交流会，运营人员通过参加校内外相关运营培训、参加新媒体运营专题讲座等方式来提高自身传媒知识储备与实践水平。

建立健全考评制度和激励机制。运营团队组建成后，需要有一套完整的管理体系才能使平台顺利地运营。首先，应建立日常的运营机制，制定相关服务内容和消息发布方式，并保证日常的维护。其次，要建立一个完善的考核机制，由于微信公众号的后台对用户数、用户增长数、消息数以及相应的用户分析、图文分析和消息分析有较为详尽的数据统计，考核机制即可借用其中的相关统计量化每个人的业绩。最后，要建立相应的奖惩机制，真正地起到鼓励和警示的作用，保持团队内部活力。

（三）用好"微"渠道，引导校园舆论

高校官方微信公众号管理很重要的一部分就是舆情管理。在校大学生这个群体思想活跃，是人生观、世界观、价值观形成与构建的关键时期，同时因年龄、知识结构、社会阅历等诸多因素等都表明这是一个需要开展正向舆论引导的群体。如何用好学校官方微信公众号这一"微"渠道来引导校园舆论，实现大学立德树人的根本目标，建立一个完善的网络舆情引导体系是最为有效的手段。

建立信息发布机制。建立高校官方微信公众号校园公共事件信息发布制度，并纳入校园信息安全应急机制，围绕事件的最新进展、处理情况等，明确公共事件信息发布撰写人、审核人、发布人，加强机制建设和舆论引导，创造有利于事情解决的网络舆论环境。

建立舆情专家信息库。邀请学校专家学者、思政课教师、辅导员、行政工作人员、学生干部参与到新媒体舆情工作中来，建立校内舆情专家信息库，开辟公共突发事件宣讲专栏和保障通道，请专家对热点进行追踪解释。一旦发生公共事件，可以邀请信息库专家在第一时间向师生发布权威资讯和专业指导。

建立及时的反馈与应急机制。传统媒体时代，在校园舆情引导过程中出现的最大的问题就是缺少简单有效的双向沟通渠道，但是社交网络的出现很好地解决了这个问题。通过官方微信公众号可以实现对学生问题与意见的收集。对于学生的留言与建议，正确的意见要表示认可与接受，并通过一定的途径给予学生反馈，加强互动。如有偏激的观点或者不实的舆论，应该采取合适的办法引导梳理，并根据事件变化的可能性做出提前防范，消除不良影响。而一旦校园突发舆情事件应该马上采取合理的应急措施，根据里杰斯特的危机"3T"处理法则，学校要在出现舆情到查出真相这段真空期内抢先发声，掌握信息发布主动权。第一时间在官方微信平台发布权威信息，尽快澄清虚假消息，引导舆论导向。同时应该培养一批校园内的意见领袖，利用二级传播理论在民间舆论场中发声。

建立校内、校企交流平台。依托校内新媒体联盟，实现成员间资源共享、信息互通、相互监督，同时建立学校主导，社会媒体参与的校企新媒体交流平台，多方联动，提升高校在舆情应对中的工作覆盖面。构建高校新媒体矩阵，打造校园正面舆论宣传平台，实现蒲公英式传播，有针对性地对舆情事件形成持续影响。

四、微信公众号的危机与应对

2017年7月31日，微信官方团队对外发布了一组数据，其中显示微信公众号的数量超过2000万。13.95亿人拥有超过2000万个公众号，平均每70人就拥有一个公众号，微信公众号明显处于供大于求的阶段。数量庞大的微信公众号，必然会摊薄每个微信公众号的受关注程度，内容过载带来的直接影响就是微信公众号打开率的降低，用户已经无暇关注如此众多的内容。在内容创新上，同质化的东西越来越多，缺乏新颖的亮点和超出用户期待的价值。毫无疑问，微信公众号拐点已至。

（一）危机已经到来

在微信公众号整体打开率下降的大环境下，高校官方微信公众号无法独善其身。高校官方微信公众号的危机已经到来，其原因主要有以下几方面。

1. 多平台消解作用

据2016年微博发布的第三季度财报中显示，截至2016年9月30日，微博月活跃人数已达到2.97亿。"90后"大学生主体意识更加强烈，具有鲜明的个性，微博"粉丝经济"的发展模式迎合了大学生个性发展的需要，逐渐成为大学生群体主交流渠道之一。

另外，根据百度发布的《95后生活形态调研报告》显示，"95"后使用QQ空间的比例高达51.8%，而微信朋友圈仅占15.2%，使用贴吧的比例占12.9%，稳居各年龄段榜首。除了微博、QQ空间和贴吧外，还有像 QQ 校园公众号、今日头条号、百家号、抖音等在内的多个平台也在不断蚕食微信公众号的用户群，微信已不再是一家独大，用户群体不断向其他平台转移，消解了微信公众号的影响力。

2. 微信的社交属性

据企鹅智酷发布的《2017 微信用户 & 生态研究报告》显示，大多数用户还是将朋友圈视为个人领域，六成的用户将朋友圈用来记录个人生活，也希望在朋友圈看到更多私人化的内容，而不是工作内容。在经过刚推出时的新鲜感后，当前内容过载的微信公众号让用户不堪重负，逐渐将注意力回归到微信的社交属性中来。2017 年 4 月，微信功能更新，上线设置允许朋友查看朋友圈范围的功能。从那以后，越来越多的人将自己的朋友圈设置成为三天可见，这无形之中降低了微信公众号内容的曝光率。

3. 校园活动的周期性

不同于社会媒体，高校每年的重大事件具有一定的重复度，例如开学季、军训季、毕业季和校庆日等等，校园活动的周期性使得每年高校官方微信推送的主题极为类似，可以说一个学校官微运营的时间越长，内容创新就越难，因为很多的选题点都已经做过了。对于用户来说，他们不会对已经阅读过的内容进行二次消费。选题面越来越窄和用户对内容要求越来越高的矛盾日益凸显。

4. 内容的超限效应

超限效应是指当个体受到的刺激过多、过强或过久，会引起个体极不耐烦或逆反的心理现象。高校官方微信公众号经常会推送一些学校风光或者宣传学校的软文，这些内容初期对师生具有很大的吸引力，在满足师生欣赏美景的同时，还能引发大家的自豪感。但是这些较为空洞的内容发布次数过多以后,其对用户的吸引力越来越弱,随着内容边际效应的进一步降低,用户会产生逆反心理,最终选择取关。

(二) 应对策略

虽然微信公众号的发展面临着许多的问题,但我们也能看到用户对优质内容的关注度并没有降低,而是越来越高。从一开始的主动订阅到个性化的选择性阅读,微信公众号的长尾效应越来越明显,用户的需求变化必然会带来微信公众号的优胜劣汰。高校官方微信公众号可以从以下几方面着手提高自身的竞争力。

1. 坚持原创,做深阅读、精阅读

"内容为王"永远也不会过时,无论传播平台和方式如何变化,内容始终是核心。高校官方微信公众号要从做深做精内容上下功夫,在聚焦师生员工、贴近校园生活的同时,也要着重关注学校改革、发展、建设的话题,从高度与广度上区别于其他学校的官微。高校官方微信公众号一定要坚持原创,打造精品文章。精品文章的出现会在师生圈中产生较好的口碑,信息将以裂变式的传播形式被分享至微信群、微信朋友圈等基于强关系的传播渠道,更具有说服性,吸引更多的人来主动关注官微并阅读内容,文章的阅读量和点赞率也会随之提高。

2. 自我节制,避免过度打扰

在日常生活中,我们深受满街的小广告、垃圾短信、垃圾邮件之苦。同样的场景也发生在微信公众平台上,一些微信公众号盲目追求用户数,把平台当作宣传渠道,对用户进行信息轰炸,就像过度开垦土地。用户被动式的接受各种无用信息,这样极大地降低了用户体验。高校官方微信公众号应以满足用户的需求为核心,结合文字、图片、语音和视频等多样的推送形式，对内容进行合理的"荤""素"搭配，奉献干货，以吸引师生的关注和主动阅读。如此一来，用户可以更加便捷地获得自己想要的内容和个性化服务。

3. 开拓平台功能，提供个性服务

内容是软性实力，服务功能是硬性实力，在提升软实力的时候，也应该注重硬实力的建设。高校官方微信公众号可以充分利用微信公众平台提供的功能接口，把官微作为智慧校园建设的重要一环，面向学生、老师、校友、考生等不同的对象有针对性地提供服务。例如武汉大学官方微信公众号针对游客开发了"赏樱武大"的服务，以文字、图片等形式为游客提供了较好的赏樱指南，为平台聚集了一定数量的校外用户。

4. 加强互动，提高用户黏性

德国社会学家诺依曼在"沉默的螺旋"理论中认为："为了防止因孤立而受到社会的惩罚，个人在表明自己的观点之际首先要对周围的意见环境进行观察，当发现自己属于'少数'或'劣势'意见时，一般人就会趋于环境压力而转向'沉默'或附和。"一个优秀的微信公众号要时刻保持运营者与用户之间的交流与互动，提高用户黏性与友好度。高校官方微信公众号的运营者可利用微信公众平台的留言和私信等意见反馈渠道，一对一地进行互动交流，采用人工回复的方式能够增强用户互动体验。此外还可以结合用户的特点与学校特色，推出互动话题，设计线上、线下互动活动，以调动用户的积极性，提高用户参与互动频次。

高校官方微信公众号凭借精准推送，多媒体融合等特点成为高校宣传的主要阵地。习近平总书记在全国高校思想政治工作会议上指出，"要运用新媒体新技术使工作活起来，推动思想政治工作传统优势同信息技术高度融合，增强时代感和吸引力。"高校官方微信公众号的运营是一项复杂的系统工程，仅仅由宣传部门参与是不够的，还需要学校各单位、各部门的密切配合，凝智聚力，组建专门的学生运营团队，把握新媒体传播规律，结合图解、H5、VR等最新的展现形式，构建一个适合学校事业发展的拟态环境，为实现立德树人的根本目标奠定良好基础。

互联网为高校宣传工作创造历史机遇,也使高校宣传工作面临复杂环境。要充分尊重和把握互联网发展规律,建立健全网络宣传的长效机制,加强校园媒体结构改革,加强网络宣传队伍建设,加强网络阵地建设,建立"高校—社会"立体宣传舆论引导格局,适应发展趋势,不断创新网络宣传工作。

第十一章　高校网络宣传工作的机遇与挑战

随着互联网技术在我国越来越普及，网络社会随之到来，以移动互联网为代表的一系列新兴媒体正处于蓬勃发展阶段。2018年1月31日，中国互联网络信息中心（CNNIC）发布第41次《中国互联网络发展状况统计报告》，截至2017年12月，我国网民规模达7.72亿，其中，我国手机网民规模达7.53亿，网民中使用手机上网人群的占比由2016年的95.1%提升至97.5%。我国已经成为世界第一的网络大国。互联网在各个层面深深地革新着政治、经济、社会、文化结构。互联网固有的传播特性也对高校的宣传工作产生了深远的影响，更给高校宣传工作带来严峻挑战。在这样的时代背景下，高校的宣传工作者要懂得与时俱进，充分认识到互联网的功能、作用与意义，及时更新宣传理念，加强网络宣传工作，破除影响网络宣传工作的体制机制障碍，同时实现传统媒体与新媒体的良性互动，充分发挥高校优势，引领社会舆论，真正增强网络宣传工作的实效性与针对性。

一、互联网目前发展的特点与趋势

互联网是一种数字化、多媒体的新型传播媒介。随着互联网经济规模的不断扩大、互联网技术和模式的快速发展，互联网已成为一种主流的媒体资源,并且具备传统媒体所不可比拟的优势和特点。近年来,随着智能手机和移动互联网的普及,以及大数据、云计算的出现和运用,互联网迎来了加速度裂变式的新一轮革命。这场革命不仅使社会的各个方面发生了许多颠覆性的变化,而且改变了人类世界的空间轴、时间轴和思想维度。深入了解互联网的基本特点与趋势,把握网络发展规律,对于我们开展网络宣传工作具有重要的指导意义。

(一) 互联网的基本特点

第一,互联互通。互联网最大的特点是连接。互联网超越时空差距,以更高的连接效率连接了更多的人、财、物,使组织与用户、人与人之间的距离零成本趋近,无障碍沟通与交流价值倍增,让整个世界的规则都发生了转变。互联网真正地改变了社会的关系结构,使原来依靠地域关系、单位关系的空间结构转变为以互联网为纽带的现实空间与虚拟空间相互交融的立体空间结构,整个社会的多元要素融为一体,相互交织,形成了你中有我,我中有你的关系网络,人与人之间的界限变得越来越模糊。

第二,去中心化。一个网状结构的互联网不同于层级结构的关键在于它是没有中心节点的,是分布式的,这根源上的变化也就决定了互联网思维里一个非常重要的基本原则去中心化。马克·波斯特在其著作《信息方式》中提出:"互联网是去中心化的传播系统。互联网也是在基础性的组织层面上去中心化的,促进了语言的去中心化。"所谓的去中心化是相对于中心化而言的。在WEB2.0时代,每一个参与到互联网中的个体都可以是信息的控制中心,比如当前微博、微信、播客等自媒体。任何人都可以参与其中,都可以发表自己的观点。在这样的过程中,权力结构是从金字塔结构向扁平化、网络化方向发展，形成了一个去中心化的趋势。去中心化是技术对互联网用户的赋权。

第三，自由、平等。由于互联网的去中心化的特性，互联网提供了一个可以相对自由与平等地表达意见、诉求的空间与平台，在互联网中的每一个人都可以参与到互联网当中来，信息的发布和传播是无障碍的，实现了意见表达和信息传播的平面化、扁平化。这在一定程度上体现了互联网的自由、平等的特性。互联网上的沟通与面对面沟通不同，在面对面的现实交流和沟通中，受到现实社会性别、地位、种族、阶层、权威等观念束缚，但是互联网的沟通交流的匿名性，进一步打破了传统观念的束缚，促进社会意识更加多元化，拓宽了民主参与的渠道，推动了国家的政治进程，这体现了自由平等的特点。

（二）互联网的基本趋势

1. 互联网+

"互联网+"是创新2.0下的互联网发展的新业态，是知识社会创新2.0推动下的互联网形态演进及其催生的经济社会发展新形态。

"互联网+"是互联网思维的进一步实践成果，为改革、创新、发展提供广阔的网络平台。通俗地说，"互联网+"就是"互联网+各个传统行业"，但这并不是简单的两者相加，而是利用信息通信技术以及互联网平台，让互联网与传统行业进行深度融合，创造新的发展生态。它代表一种新的社会形态，即充分发挥互联网在社会资源配置中的优化和集成作用，将互联网的创新成果深度融合于经济、社会各领域之中，提升全社会的创新力和生产力，形成更广泛的以互联网为基础设施和实现工具的经济发展新形态。2015年7月4日，国务院印发《国务院关于积极推进"互联网+"行动的指导意见》。在全球新一轮科技革命和产业变革中，互联网与各领域的融合发展具有广阔前景和无限潜力，已成为不可阻挡的时代潮流，正对各国经济社会发展产生着战略性和全局性的影响。

高校网络宣传工作，本质上也是互联网同宣传工作的有效结合，也是一种"互联网＋"形态。同其他的"互联网＋传统产业"不同的是，网络宣传工作是将互联网应用在意识形态领域和文化领域的工作，涉及人的价值观问题和人的行为取向问题，它的主要目标不是生产价值创造利润，而是要凝聚人心、引导舆论，因此就更加复杂。同时要注意的是，"互联网＋宣传"，意味着我们是将互联网置于了一种先导先行的位置，充分体现了对互联网的重视，因此与传统的宣传工作不同的是，"互联网＋宣传"就是要树立互联网思维来开展宣传工作，而不是用传统宣传思维来开展网络阵地的建设。

2. 大数据

大数据是以容量大、类型多、存取速度快、价值密度低为主要特征的数据集合，正快速发展为对数量巨大、来源分散、格式多样的数据进行采集、存储和关联分析，从中发现新知识、创造新价值、提升新能力的新一代信息技术和服务业态。信息技术与经济社会的交汇融合引发了数据迅猛增长，数据已成为国家基础性战略资源，大数据正日益对全球生产、流通、分配、消费活动以及经济运行机制、社会生活方式和国家治理能力产生重要影响。经过数年的爆发式发展，我国大数据产业正在从起步阶段步入黄金期。据国家发改委等权威机构预测，到 2020 年，我国的数据总量将会超过 8000 亿 PB，占全球数据总量的比例达到 20%，我国大数据市场规模将超过 8000 亿元。2015 年 8 月 31 日，国务院印发《促进大数据发展行动纲要》，其中指出要建立"用数据说话、用数据决策、用数据管理、用数据创新"的管理机制,实现基于数据的科学决策,推动政府管理理念和社会治理模式进步。

随着网络技术的高速发展,互联网资源数量呈现指数型的增长,网络已经成为民众获取信息的最主要渠道。网络在传达社情民意方面的优势也逐步显现出来,成为反映社会舆情的主要载体之一。在海量数据中,通过探测并发现网络舆情中的热点话题,有助于梳理舆情监控的思路,抓住纷繁的监控工作中的重点,从海量的互联网信息中找到目标信息,将有限的人力物力用到关键的地方,提高工作的针对性和有效性,更好地应对网络舆情。同时,互联网每天产生的数据也以 PB 规模增加,大大增加了舆情信息的挖掘难度,预示着网络舆情分析也正式步入了大数据时代。树立大数据理念,深度挖掘并利用大数据价值,以此探索网络舆情的发展规律,建立在新形势下的网络舆情引导机制成为当务之急。因此大数据环境下多媒体网络舆情与传统网络舆情相比,具有四点突出特征:网络舆情信息海量性特征通过多媒体传播呈现倍乘态势;大数据环境下网络舆情信息的多样性与多媒体模态的复杂多元特征高度契合,并通过多媒体传播形式释放;网络舆情信息高增长性通过多媒体传播得以增速;网络舆情信息低价值密度性通过多媒体传播后效应增强。

在"数据爆炸"时代,大数据的核心目标为预测,我们需要借助大数据技术,通过建立专业的舆情分析服务人才队伍,通过"加工数据",提升对相关舆情信息解析和预估的能力,从最初简单的收集数据进阶到深入研究拓展的阶段,通过舆情间的相关关系预测舆情走向,对舆情情况进行预测,并做出应对措施,防患于未然。

3. 人工智能

"人工智能"一词最初是在 1956 年 Dartmouth 学会上提出的,至今已经走过60多年的历程。从那以后，研究者们发展了众多理论和原理，人工智能的概念也随之扩展。人工智能（Artificial Intelligence），英文缩写为AI。它是研究、开发用于模拟、延伸和扩展人的智能的理论、方法、技术及应用系统的一门新的技术科学。人工智能是计算机科学的一个分支，它企图了解智能的实质，并生产出一种新的能以人类智能相似的方式做出反应的智能机器，该领域的研究包括机器人、语言识别、图像识别、自然语言处理和专家系统等。

人工智能是对人的意识、思维的信息过程的模拟。人工智能不是人的智能，但能像人那样思考，也可能超过人的智能。2016年以来的两次人机围棋大战让人工智能再度成为人们关注的焦点。经过60多年的演进，特别是在移动互联网、大数据、超级计算、传感网、脑科学等新理论新技术以及经济社会发展强烈需求的共同驱动下，人工智能加速发展，呈现出深度学习、跨界融合、人机协同、群智开放、自主操控等新特征。

2017年国务院印发《新一代人工智能发展规划》，提出我国要成为世界主要人工智能创新中心的发展目标。2018年两会上，李克强总理在政府工作报告中指出人工智能要与产业深度融合，"加强新一代人工智能研发应用"，"发展智能产业，拓展智能生活"。随着"互联网+"时代的到来，全球数据爆发增长、海量集聚，以人工智能为代表的新一代信息技术发展迅速，已成为新一代产业革命的核心驱动力。在供给侧结构性改革和创新驱动发展战略等共同作用下，人工智能快速渗透社会经济各领域，并与传统行业深度融合。

目前，人工智能已经在新闻宣传领域得到有效应用，一个引人注目的例子是新闻机器人或者叫AI机器人，这是人工智能在新闻领域的最新应用。在 2016 年里约奥运会开始后的 13 天内，一个名为"张小明（xiaomingbot）"的新闻机器人共撰写了 457 篇关于羽毛球、乒乓球、网球的消息简讯和赛事报道，每天 30 篇以上。不仅囊括了从小组赛到决赛的所有赛事，且其发稿速度之快，也让人惊讶——几乎与电视直播同时。

新闻机器人已被世界上的主流媒体所关注并加以使用。国外有美联社的 WordSmith、《华盛顿邮报》的 Heliograf 以及《纽约时报》的 blossom 等。国内则有新华社的快笔小新、腾讯的 dreamwriter、《第一财经》的 DT 稿王等。这些写稿机器人无一例外都运用到了大数据处理技术。首先通过数据采集，将其录入数据库中，再将这些数据按照语句出现频率以及新闻要素关键词进行分析加工。制作出一套符合该媒体发稿风格的模板，然后将新闻元素 5W1H 代入其中，一篇新闻消息就这样产生了。

机器人写作优势非常明显，尤其是在当前网络新闻环境之下，时间对于新闻的意义非同小可，通过机器人写作大大提升了发稿速度，一篇稿件的完成时间约在几秒左右，而且可以实现全天候 24 小时监测，充分保证了报道的时效性。同时，由于记者可以从新闻写作中解脱出来，大大节约了人力物力，可以加强对深度新闻的打造和对新闻细节的打磨。随着新闻机器人的普及，高校网络宣传工作完全可以乘势而上，借助新闻机器人来帮助解决高校新闻采编队伍不足的问题。

4. 媒介融合

在以互联网为代表的新媒体与传统媒体开展激烈竞争的过程中，也形成了媒介一体化的趋势，新旧媒介之间不断相互融合，你中有我，我中有你。媒介融合已经成为推动媒介转型发展的巨大驱动力。

媒介融合概念的提出始于20世纪80年代的美国。美国马萨诸塞州理工大学教授I.浦尔认为，媒介融合就是指各种媒介呈现出多功能一体化的发展趋势。喻国明教授在《传媒经济学》中认为，媒介融合是指报刊、广播电视、互联网所依赖的技术越来越趋同，以信息技术为中介，以卫星、电缆、计算机技术等为传输手段，数字技术改变了获得数据、图像和语言三种基本信息的时间、空间及成本，各种信息在同一个平台上得到了整合，不同形式的媒介彼此之间的互换性与互联性得到了加强，媒介一体化的趋势日趋明显。广义的媒介融合包括一切媒介及其有关要素的结合、汇聚甚至融合，不仅包括媒介形态的融合，还包括媒介功能、传播手段、所有权、组织结构等要素的融合。媒介融合是一个不断发展的过程。

互联网技术作为全新的、系统的观念、思路、方式和手段的整体，带来了第三次工业革命和第四次传播革命，打破了原有产业之间的界线，新融合才得以真正涌现。在新媒体和传统媒体融合发展的过程中，出现了在互联网思维下整合不同资源、具有融合性体制机制，以开放共享的技术平台、大数据、云计算等手段为技术支持，重构与用户关系的融媒体生态系统。作为媒体，真正的核心能力是连接能力，未来的媒体将是平台型（平台化）的媒体。所谓"平台型（平台化）媒体"有两层意思，一是这种媒体是提供公共信息及其他信息的传播、交流、互动的平台，二是指它将在一个更大的互联网生态系统中存在。比如今日头条就是按照平台化战略建立的平台型媒体。平台型媒体是在向用户开放的平台基础上，把恰当的算法技术与专业的编辑运作结合起来的传媒形态。平台型媒体汇集各方资源，以互联网用户和数据为核心，用互联网思维引导媒体转型，是更高层面上的媒体和互联网整合。因此平台型媒体本质上融合了科技平台的开放特质和媒体出版领域的把关属性。平台型媒体被视为今后媒介融合发展的主流模式。建设新型主流媒体，推动传统媒体与新兴媒体融合发展就是实现传统媒体的互联网化，主要趋势就是要建设生态级媒体平台。这个平台要拥有强大的用户吸附能力和用户黏性，能够建立与外界的全面连接，可以使公众在这个平台上进行充分的信息交流。

高校的新闻网只是新闻宣传信息的发布平台，而没有构建有效的传播生态系统，从而导致信息附加值低，黏性不足，用户利用率低，影响小。高校校园媒体之间也需要加强融合，以平台化的思维进行有效整合，实现信息的共享，建立高效、互动的用户——媒体关系，营造良性循环的媒介生态系统。

二、互联网为高校宣传工作创造了历史机遇

随着互联网，特别是移动互联网的发展，信息传播速度更为迅捷，信息传播渠道更为多元、表达方式更为灵活、受众人群更为广泛。互联网具有传统媒体无可比拟的优势，为宣传工作提供了历史性机遇，利用好新媒体蕴藏着不可估量的宣传潜力。

（一）互联网为宣传工作提供了强有力的技术支撑

互联网既是一种平台，更是一种技术范式。新媒体技术本身是不断发展的，谁能够快速掌握这种技术，谁就会在舆论的大潮中占领技术的制高点，赢得先机，获得网民的认可。互联网的发展，为宣传工作提供了多样化的技术手段，极大地改变了原来的平面式宣传格局，特别是在媒体层面，传统媒体的优势被新媒体取代，不论是在传播速度、传播手段、传播效果方面，新媒体已经成为开展宣

传工作十分重要的手段。目前，国内高校都普遍地建立了微信公众号、微博、新媒体联盟，各种校园新应用层出不穷，网络化的文化栏目、品牌、作品也日益丰富。

高校作为青年聚集之所，网络阵地已经成为宣传工作的前沿阵地，新媒体已经成为中国最流行的舆论场。党和政府的声音不仅不能缺席，更应该以主流舆论的姿态来保护我们的网络意识形态安全，使用好、利用好新媒体，更加积极主动地参与其中，占领好网络阵地。一些校内机构、理论宣传工作者和马克思主义理论社团也采用新型话语、新技术开展推广宣传工作，受到了师生的喜爱，也充分体现了马克思主义在互联网时代的勃勃生机。

互联网为宣传工作提供了新的技术手段和新的可能性，从而宣传工作有了更多的想象空间。这是在传统媒体时代无法想象和获取的。现在我们看到，微博微信等平台模式在发展过程中所发挥的强大力量，自媒体在发展过程中将个体组织起来，宣传工作实现了对个体的实时到达和精准传播。此外，像可视化新闻、数据新闻、机器人写作、大数据舆情分析等，都是新闻宣传领域的重要技术进步，网络宣传呈现一派繁荣景象。

（二）互联网拓展了宣传工作的对象

在新媒体环境之下，宣传工作的对象数量已经不受限制，空间也不受制约。新媒体的开放性让每个人都可以便捷地连接世界，高效地从网络获取自己所需的信息。新媒体的互动性使受众既是信息的接收者，也可以是信息的传播者，特别是微博、微信等的推广普及使"人人都是媒体"成为现实，促进了"全民围观式"的透明社会的形成。新媒体的跨时空性创造了一个超越时间和空间限制的信息传播空间，网民可以随时与世界最新资讯同步，也可以便捷地对自己感兴趣的热点事件进行持续跟踪关注。

伴随着新媒体的这些优势的发展，我们看到宣传工作的时空结构正在发生根本性的转变，宣传从单位的单一空间向社会空间延伸，从线下向线上与线下相结合发展。不论是校内师生还是社会民众，都可以通过网络成为宣传工作的直接对象和实际用户。新媒体已成为师生每天学习和生活的重要组成部分，许多人每天早晨醒来后的第一件事就是看微信，越来越多的师生"无日不网""无处不网"，成为"手指族""低头族"。通过新媒体的"延伸"功能，高校也可以以师生为纽带，把思想宣传工作链接到校园之外，如学生家庭、社区等。同时师生和社会民众也可以利用自媒体成为网络宣传的内容创造者和传播者，成为引导舆论、弘扬正能量的有生力量。

正是在时空结构和用户结构发生巨大转变的过程中，宣传工作对象既变得匿名、隐蔽，又变得互动、开放，无所不在，宣传对象就融合在网络的时空结构当中。宣传工作越来越面对的是海量数据，通过大数据挖掘技术，宣传工作也将变得越来越精准。

（三）互联网进一步提升了传播效果

新媒体具有一种特殊的"洪荒之力"，即强大的传播能力。新媒体突出的传播特点是"速度快、覆盖广"。无论何时何地，只要有网络的地方，都可以把自己获取的信息即时发送出去，并以"裂变式"转发传播的方式，产生极大的影响力。由于互联网，宣传工作实现了时空结构的改变，改变了原来的单向度的传播结构和自上而下的不平衡的传播机制，实现了从"工作在哪，人在哪"到"人在哪里，工作就在哪里"的转变。师生既是工作的对象，又是重要参与者，实现了主客体的统一，加强了校方与师生的沟通，密切了党与群众之间的关系，体现了主动服务、主动融入的理念，师生可以随时随地地接收所关注高校的各类信息，实现师生与学校的有效融合。

新媒体具有更强的互动性和感染力，这也进一步提升了宣传力。传统的媒体主要是"单向传播"，互动性不强，在新媒体时代已越来越难以对青年师生发挥有效作用。原有的依靠报刊学习、文件传达、会议部署、约见谈话等宣传形式，越来越难以满足现实工作需要。而新媒体依托移动互联网、智能手机、各种智能终端设备，深深走进了社会生活的方方面面。新媒体在信息传播中可以实现"实时互动"，更接地气，更能反映师生的意识、认知、生活、风貌。新媒体可以实现多媒体功能，通过博客、QQ、微博、微信等，以资讯、聊天、话题、微文、图文、微视频等形式，实现文字、图像、语音、视频全方位立体化覆盖，灵活地向师生传递宣传内容，内容丰富多彩，具有更大的视觉冲击性和阅读吸引力，既能给师生带来全新教育感受，又符合新时期师生接受信息的心理需求，也能够更加饱满地传达信息，容易引发师生兴趣，使师生在轻松愉快的氛围中主动地接受教育，增强了宣传工作的感染力。从整体上看，新媒体所具有的互动性进一步增加了用户体验，提升了用户黏性和忠诚度，使高校的宣传工作具有系统性和可持续性，效果得到进一步提升。

三、高校网络宣传工作面临的复杂困境

网络化生存、网络化生活已经成为高校师生的常态，网络对师生的思想行为产生了全方位、深层次的影响。这使得宣传工作面临的环境更加复杂，网络宣传的体制机制还有诸多与互联网发展相脱节之处，网络宣传队伍的综合素养还有待进一步提升，网络宣传的大格局还没有形成。这些困境都告诉我们，网络宣传工作任重道远。只有正视互联网对宣传工作提出的巨大挑战，迎难而上，开拓创新，

网络宣传工作才能披荆斩棘，直挂云帆。

（一）宣传工作的环境更加开放复杂

互联网具有超越时空的传播特性，信息传输不受时间与空间的限制与约束，这就决定了高校思想宣传工作的开放性与复杂性。网络社会庞杂浩瀚，网上信息鱼龙混杂，各种社会思潮交锋，各种利益碰撞，多元化社会思潮在高校都有不同程度的反映，一些错误思潮对师生有一定的潜在风险。而青年师生是敌对势力对我国进行渗透分化的重点人群，这给高校宣传工作带来了严峻挑战。特别是由于信息传播的海量与随意性，许多网络媒体以吸引受众眼球、制造舆论热点、增加点击率为目的，无形中放宽了信息内容的播发门槛。高校时刻处于公众舆论的关注之下，一篇报道、一个帖子、一条微博，都可能"一石激起千层浪"，随时演化为一个阶段甚至较长时期的舆论热点，加大了高校舆情发生的不可控性和高校宣传思想工作的难度。

（二）管理体制机制相对滞后

网络宣传工作发展十多年来，各高校宣传部门在党委的领导下开展了积极的探索和实践，取得了一定的成绩并积累了一定的经验。但是由于网络宣传工作开展时间短，网络又具有有别于传统媒体的突出特点，传统宣传媒体的管理机制并不完全适用于网络宣传工作，网络宣传工作的管理机制、管理模式、管理手段、管理能力都存在一定的滞后性。特别是高校由于缺少互联网特别是新媒体的管理经验，一般仍然采用传统管理机制开展网络宣传工作，网络宣传机制同新媒体发展之间存在着很大的差距，仍然缺乏对网络宣传成熟的应对和管理机制。

(三) 高校网络宣传力量相对薄弱

近年来随着互联网技术的发展，网络宣传工作已经拓展到了新闻网、互动型社区、微博微信、微视频等领域，对网络宣传队伍提出了越来越高的要求，如 H5 制作、计算机代码写入、相应服务功能的实现、影视制作、摄影及图片处理等新技术新手段对工作人员提出非常大的考验。网络宣传队伍在应对日新月异的新技术和网络人群方面就显得力不从心，除了日常的政治理论学习之外，业务技能的不熟练成为网络宣传工作队伍开展好宣传工作的障碍。适应迅速变化的工作要求，善于利用新媒体开展工作，壮大网络宣传力量，形成网络宣传合力，建立多层次立体化的宣传格局是互联网对网络宣传工作提出的一项迫切要求。

四、适应互联网发展趋势，创新网络宣传工作

互联网已成为思想文化信息的集散地和社会舆论的放大器，高校宣传工作进入到多渠道、多维度、多层次的媒介语境中。我们要充分认识以互联网为代表的新兴媒体的社会影响力，高度重视互联网的建设、运用、管理，努力使互联网成为传播社会主义先进文化的前沿阵地，提供公共文化服务的有效平台，促进人们精神生活健康发展的广阔空间。高校网络宣传工作要因势而谋，应势而动，顺势而为，建立起一整套适应互联网的宣传机制、工作体系、运行结构。

（一）充分尊重和把握互联网发展规律

要适应互联网带来的变化，就要建立起与之适应的新的宣传观念。互联网思维就是要对整个网络生态进行重新审视的思考方式，

本质是发散的非线性思维。互联网思维的特点，概括起来就是："民主、开放、平等"。在建立互联网思维方面，要建立用户至上、体验至上、服务至上、平台至上的基本理念。宣传人员的理念以及行动均应该与时俱进，摆脱传统思维模式的束缚，拥有并且有效利用这种互联网思维进行整合。

青年学生在哪里，我们的阵地就应该在哪里。青年学生作为网络的主力军，善于使用互联网，我们就应该扎实开展网络阵地建设，做好网络思想引领，加强对青年学生的网络联系、服务、引导。特别是在互联网技术使用上，要掌握新媒体技术，熟悉网络语言，用好两微一端等新媒体，使宣传思想工作低成本、广覆盖、快传播，运用新媒体新技术使工作活起来，增强宣传效果，增强时代感和吸引力。

高校网络宣传工作也要充分利用大数据、云计算、人工智能等最新互联网技术，使宣传工作既能精准发力，又具有科技亮点。比如在利用大数据分析方面，可以在掌握大量数据基础上，分析用户的特点、需求，有针对性地精准发力，实现信息分发的准确，从而克服传统宣传工作千篇一律、大水漫灌的局限性。

（二）建立健全网络宣传的长效机制

加强党对新闻宣传工作的领导是我党的一贯主张。2016年12月，在全国高校思想政治工作会议上，习近平同志指出，办好我国高等教育，必须坚持党的领导，牢牢掌握党对高校工作的领导权，使高校成为坚持党的领导的坚强阵地。党委要保证高校正确办学方向，掌握高校思想政治工作主导权。加强党对网络宣传工作的全面领导，核心是要确立高校党委对网络宣传工作的全面领导，关键是要建立一把手负责制，高校党委书记要作为网络宣传工作的第一责任人，将做好网络宣传和网络阵地建设作为党委工作的重中之重。

要进一步建立健全网络宣传的工作机制，建立校、院系、支部（教研室）三级网络宣传工作体系，设立网络宣传工作领导小组和专门的主责机构，明确任务分工，形成党委统一领导、各部门各方面齐抓共管的工作格局。领导小组成员，包括各二级院系、单位党委、各总支书记，各相关职能部处负责人。网络宣传工作领导小组每学期至少召开一次专门会议，负责制定网络宣传和管理工作计划，部署网络宣传工作任务，对各部门网络宣传工作进行监督、指导。院系、单位党委、党总支也要建立网络宣传工作领导小组，院系单位党委书记是第一责任人，要把支部书记、教研室主任以及双代会代表、教授代表纳入院系级网络宣传领导小组成员，形成网络宣传工作的网络化覆盖。

（三）加强校园媒体结构改革

校园媒体的特点是多而全，少而精，因此在开展新闻宣传过程中必须要发挥校园媒体的这个优势。校园媒体要积极吸纳平台型媒体的优势，破除门户网站的局限性，以一体化思维，打造全媒体平台。全媒体平台要将各类媒体统筹在一起，建立由报纸、网站、期刊、微博、微信、客户端、广播等组成的全媒体立体传播平台，视听资源与文字资源要有效整合，实现新闻资源的优化，实现校园媒体的有效融合。

媒介融合是媒介发展的重要趋势，这种融合不仅体现在媒体形态上，也体现在管理模式和编辑流程再造上。传统媒体的编辑流程是按照不同的媒体属性进行安排的，各媒体编辑部之间是各自为战，按照各自特点和需求进行采编的。校园媒体虽然没有社会媒体那样庞杂，但是其体系的建立仍然是存在明显的资源分割、部门分割的问题，有限的新闻资源不能被充分挖掘利用。因此需要全面革新校园媒体的组织架构及新闻生产模式，特别是要建立统一编辑部。在寻求有效的编辑融合范式方面，目前可以借鉴"中央厨房"编辑范式。

对于校园媒体平台而言，要建立和发展平台战略，要实现用户生产内容，实现内容数量和质量的跨越。关于用户参与内容生产，即用户生产内容（User-Generated Content）。今日头条、喜马拉雅听书、知乎都是依靠用户生产内容而解决了内容来源问题。而且由于作者的多样性，内容的多样性和丰富性、趣味性问题也迎刃而解。借鉴这种模式，适应新媒体发展趋势，校园媒体首先要解决的就是内容来源和丰富性问题。因此，校园媒体要面向社会实现内容的开放生产，做好内容的发布把关。对于校园媒体来讲，很需要一批具有知名度的意见领袖式人物成为校园媒体的重要参与者和内容创造者。他们会成为媒体的标签、向导。用户可以自由创作内容，形式不用拘泥于新闻文体形式，而是各种文体都可以。通过文体的解放，让文字内容更贴近实际，更贴近师生，开放式的内容生产就具有了更大的吸引力和创造力。

（四）加强网络宣传队伍建设

鼓励师生自觉投入网络宣传工作，在师生中宣传全员参与网络宣传工作的重大意义，积极调动师生参与网络宣传工作的主动性积极性，鼓励师生积极上网用网、发帖发文，把教书育人、管理育人、服务育人的领域延伸到网上。要注意发现和培养有公信力的高校"大V"，发挥校园"意见领袖"的作用。特别是要积极鼓励、组织学术大师、教学名师、优秀导师、优秀辅导员都能重视网络，主动加入网络宣传思想工作。

高校应按照宣传思想文化工作重点到哪儿、力量配备就到哪儿的精神，逐渐把学校宣传思想工作的人员队伍、工作重心转移到网络上来。高校网络宣传要形成有组织、多层次、多元化的立体宣传格局，就要在调动师生积极性基础上，注重从多渠道选拔培养锻炼，建立一支懂政治、素质高的网络宣传队伍，要将校级、职能部门和院系的各类网络宣传力量进行有效的组织和整合，建立网络宣传联盟，在议题策划、人员组织、文章发布、氛围营造等方面形成合力，使网络宣传由"散兵游勇"向"集团作战"跨越。

要加强网络宣传队伍的培训培养，建立健全网络宣传工作队伍职业准入、工作评价、能力素质、成长发展等专业标准体系，推动网络宣传队伍的有效成长成才，为他们提供足够的发展空间。

（五）加强网络阵地建设

要积极主动地抢占新媒体舆论阵地，主动借助新媒体传播优势，积极地参与进去，找准切入点和着力点。要旗帜鲜明地坚持马克思主义意识形态的主导地位，把握网络宣传的特点和规律，按照习近平总书记"三个地带"的重要论断，增强主流意识形态凝聚人心的说服力，巩固壮大红色地带，坚决抵制黑色地带，做好灰色地带的团结转化工作。专家学者在网上开设专栏，在社交媒体上开通账号，放大主流声音，反击错误思想和言论。推动社会主义核心价值观融入网络，教育引导学生自觉成为网络文化创新创造创作的核心力量，把培养和践行社会主义核心价值观生活化、具体化。

要把握网络舆论工作艺术规律，创新舆论引导方法和手段，善于表达，创新话语方式，学会讲故事，提高网络舆论吸引力感染力，营造积极健康向上的校园网络舆论生态。加强网络议题的议程设置，要突出精品意识，从选题的确定、主题的提炼、内容的架构等方面都要进行认真策划，集思广益，努力推出一批适应不同层次需要，有影响、有特色、有时代感、有品质的作品。

建立网络舆情信息收集、分析、处理与反馈工作机制，通过全媒体舆情监测平台，利用大数据对网络舆情进行监测，及时发现重点舆情信息，及时掌握师生思想动态，对舆情事件进行有效分析和科学研判，真正做到未雨绸缪，及时应对，把问题解决在萌芽中。

（六）建立"高校—社会"立体宣传舆论引导格局

大学是社会之光，是一个国家科学文化的名片，是国家软实力的重要标志。目前我国高校在校生规模已逾3700万人，位居世界第一；各类高校2800多所，位居世界第二。近年来特别是党的十八大以来，我国高等教育的改革和发展成绩斐然，举世瞩目。大学的社会知名度越来越高，高校的影响力越来越大，高等院校在人们心目中的分量越来越重，大学已经成为舆论场的重要一极，大学应当对国家和社会起到引领作用。高校的舆论不仅是守好和占领网络阵地，更要利用优势，主动出击，占领舆论的制高点，引领社会风尚，形成强大的舆论引导力传播力。高校引领社会舆论，要在高校与媒体、高校与高校的联动基础上，扩展范围，建立高校与社会之间的联动体制机制，特别是利用好高校的师生资源、校友资源、社会资源，发挥高校的影响力，在媒体主动发声，在网络主动立言，通过大学历史、大学文化、大学成就、大学故事、大学人物、学生生活、学术活动、公益活动、社会服务等，加强高校与社会的交流与融合，以高校的精神风貌引领社会的精神风貌。

后 记

近年来，我陆续参与主持编写了多部高校宣传工作方面的书籍。其中有《新时期高校宣传思想工作实用读本》《高校新闻舆论工作导论》等。随着网络时代的到来，网络宣传工作在高校工作中越来越重要。编辑一本《高校网络宣传工作概论》成了我们的一个心愿。在诸位好友鼎力支持下，此书终于面世，为高校同行们做好工作提供了参考和借鉴。

万分感谢此书的作者们。他们长期耕耘在高校宣传工作第一线，肩负重任，公务繁忙。在深入研究的基础上，他们认真完成了书稿，并反复进行了修改完善。在撰写书稿中，作者们参考了一些资料。他们在原稿中均做了注明。为了统一编排，未能一一列出，还请见谅。

书中各章作者是：第一章，北京林业大学铁铮；第二章，北京外国语大学高金萍、李坤；第三章，对外经济贸易大学张小锋、李雨晴；第四章，中央财经大学李爱民、刘禹；第五章，华中农业大学程华东、陈锦、丁玲、匡敏；第六章，北京交通大学蓝晓霞、韩榕、汤嫣；第七章，北京邮电大学周晔；第八章，中国民航大学王成；第九章，北京师范大学刘长旭、陈霄、孙薇薇；第十章，中国海洋大学刘莅、陈鹭；第十一章，首都师范大学张加春。

网络发展非常迅速。高校网络宣传工作始终面临着新机遇、新挑战和新任务。这项工作亟待深入，此项研究需要继续。

习近平总书记反复强调要重视网上舆论工作，研究网络传播规律，创新网络宣传。在2018年8月21日至22日召开的全国宣传思想工作会议上，他特别强调，坚持营造风清气正的网络空间。要推出更多健康优质的网络文艺作品。必须科学认识网络传播规律，提高用网治网水平，使互联网这个最大变量变成事业发展的最大增量。他的重要讲话是做好新时代网络宣传工作的根本遵循，为今后深入研究网络宣传规律指明了方向。我们要继续学习、深刻领会习近平总书记系列重要讲话，紧密结合高校实际，把研究工作不断推向深入。

向耕耘在高校网络宣传工作一线的同行们致敬。

向每一位为此书编撰、出版做出努力的人致谢。

铁　铮

2018年8月26日